# GUIDE
# DU
# VENEZUELA

(4^{ième} édition)

# André Maccabée

# GUIDE
# DU
# VENEZUELA

(4$^{\text{ième}}$ édition)

# PHIDAL

La pédagogie est l'art de faire partager
aux autres ce que tu aimes.

Freudeich

# TABLE DES MATIÈRES

## Troisième section — Informations diverses

# NOTE DE L'ÉQUIPE

Notre équipe connaît très bien le Venezuela. Nous avons été les premiers à publier un Guide du Venezuela et nous en sommes fiers. Nous sommes les seuls à avoir rédigé quatre éditions de ce guide et il est toujours le seul original disponible et publié au Québec pour diffusion dans toute la francophonie.

Dans le merveilleux monde du voyage, tout change très vite. Des restaurants ferment ou changent de nom, les prix changent. Bien que les prix mentionnés dans ce guide soit les prix de 1994, ils ne vous sont donnés qu'à titre indicatif.

Vos commentaires ou réflexions sont toujours bienvenus. Vous pouvez nous les faire parvenir par fax ou les adresser à L'Équipe de rédaction, Guides de voyages Phidal, dont nous vous donnons les coordonnées un peu plus loin.

Les grossistes ou tours-opérateurs qui font le Venezuela et qui veulent un membre de notre équipe pour des voyages de familiarisation peuvent nous faire parvenir les invitations et la documentation à la même adresse. Après analyse du programme, nous décidons si un de nos rédacteurs y participera ou si nous inclurons le programme du voyagiste.

# L'AUTEUR

André Maccabée est professeur d'abord, mais sa vision de la géographie dépasse largement les limites de la connaissance scientifique; il la conçoit avant tout comme l'art d'observer le monde physique et humain. Dans les années 1970, il est accompagnateur à travers le Canada et les États-Unis pour les voyages des jeunes. Il est à Mirabel en 1976 pour l'accueil des athlètes étrangers. Ses voyages servent à transmettre aux jeunes sont goût de la découverte du monde. Dans les années 1980, il parcourt le monde, au cours de voyages qui sorte de l'ordinaire qu'il organise, comme la descente du Colorado pendant trois jours et trois nuits, les week-ends sur l'île de Baffin pour admirer le soleil de minuit. Il parcourt aussi l'Afrique du Nord, l'Asie et la plupart des pays d'Europe. Il fait des croisières sur toutes les mers. Il a visité la plupart des destinations-soleil. Puis il retourne à Mirabel, pour y ouvrir l'agence de voyages la plus proche de l'aéroport. Mais devant le manque de documentation en français sur le Venezuela, il décide d'écrire un guide, et c'est parti. Les guides sont si populaires qu'il manque de ressources humaines. Il doit donc fermer l'agence de Mirabel. Il est désormais consultant au 4571 St-Denis, à Montréal, au 847-9279, où il peut, sur demande, vous aider à planifier vos voyages.

Après avoir écrit le Guide du Venezuela, son équipe ne veut plus arrêter. C'est alors la Colombie, la République Dominicaine, le Costa Rica, un best-seller, et ça continue.

Son équipe se compose de professionnels de l'enseignement à la retraite, de sa famille, de gens du milieu, pilotes et représentants. Écrire un guide coûte des dizaines de milliers de dollars et on ne compte pas les heures. La collaboration des intervenants de l'industrie est donc très appréciée.

## LES GUIDES DE VOYAGES PHIDAL

Les guides de voyages Phidal sont des guides pratiques et complets écrits par une équipe de professionnels pour les gens d'expression française à travers le monde. Ils sont disponibles dans toutes les bonnes librairies. Les librairies qui veulent se les procurer doivent appeler au (514) 738-0202.

De la même équipe, aux éditions Phidal :

- Cuba (3$^e$ édition) 1993
- La République Dominicaine
  (nouvelle édition) 1993
- Le Costa Rica (3$^e$ édition)
- La Colombie (nouvelle édition)
- Le Mexique

En préparation :

- Les Croisières, le premier guide écrit au Canada
- Nicaragua – El Salvador – Amérique Centrale
- Le Québec en excursions de 4 à 7 jours

# ÉQUIPE DE RÉDACTION ET DE DOCUMENTATION

Rédacteur en Chef :   André Maccabée
Rédactrice-adjointe :   Jocelyne Lacroix

Rédaction et documentation :
Nathalie Roman, Paul Maccabée, Lise Gascon,
Diane Rouleau, Lynda Boissonneault,
Clément Lauzon, Murielle Gariepy, Maryse Rivard,
Maria Antonietta Valverde, Orlando Palacias,
Roméo Labelle, Alvina Lavoie, Chantal Turcotte,
Réal Turcotte, Gisèle Forget, Jean-François Devost
Murica Yanez, Corporacion de Turismo, Caracas

Philippe Charlet, Joana Tours et correspondant à
Cumana.

Mario Plasse, équipe vidéo et correspondant à
Margarita

Correspondants à Miami :
André Collin, Cécile Forget, Patricia de Viasa

Informatique:   Guy Larente,
                   Jean-Paul Longpré, F.S.C.

Vidéo :   Philippe Charlet, Mario Plasse,
          Serge Tonietto

Bibliothécaire :   Rita Traversy

# REMERCIEMENTS

Air Transat
François Legault, Daniel Godbout, Sylvie Morin
Air Price
Zak et Sylvie
Les lignes aériennes Royal
Johanne Gagnon, René Savard, chef-pilote

Merci aussi à tous ceux qui ont bien voulu répondre à nos questions et nous laisser de la documentation.

Notre équipe de rédaction est au 13837, Rte 117, St-Janvier, Mirabel (Qc) J7J 1K9. Vous pouvez nous rejoindre par FAX au (514) 437-9674. Il n'y a pas de permanence au bureau, mais nous vous écrirons ou nous vous rappellerons.

Pour faire préparer votre voyage par des experts ou pour me rencontrer, sur demande, communiquez avec le Multicentre Costa Rica Mony Tours, rue St-Denis, au 847-9279. Bien que la spécialité du Multicentre soit le Costa Rica, nous avons aussi la Colombie et le Venezuela en dehors des sentiers battus.

**Notre équipe française à Cumana**

Pour nos amis européens ou pour des demandes spéciales, congrès, groupes de jeunes, etc., Philippe Charlet et son équipe de Joana Tours vous offrent la plupart des circuits de notre Guide.
Vous pouvez les rejoindre en vous adressant à :
Joana Tours,
Edificio Miramar, Piso 6, Oficina D,
Avenida Perimetral, Cumana, Estado Sucre.
FAX : (93) 32-07-44; TÉL : (93) 66-38-33.
Le numéro de zone du pays est le 58.

# PRÉFACE

Ce Guide du Venezuela représente huit ans de travail, de collaboration entre des gens du Venezuela et du Canada. Nous avons des gens en permanence à Margarita et sur le continent. C'est le seul guide en français écrit au Canada, l'autre n'est qu'une traduction.

Notre guide a été réalisé grâce à une équipe, par des voyages sur place, des entrevues, des consultations en Europe et aux États-Unis, de nombreuses lectures de tous les genres de documents sur le pays. Je crois qu'aucun autre pays au monde n'a autant à offrir. Le Venezuela est un pays de contrastes géographiques et climatiques. Il peut nous offrir la variété de l'Europe, les coûts minimes du Mexique et le climat que l'on veut à l'année. C'est la porte de l'Amérique du Sud et contrairement à la plupart des autres pays, son régime politique est stable; on n'y risque pas de terrorisme, de coup d'État, etc...

Pour les amateurs de plage, le Venezuela a comme slogan d'être un pays dans les Caraïbes. Il possède 3 000 kilomètres de plages, dont la plupart sont encore vierges.

Pour les amateurs de sensations fortes, le Venezuela est là avec ses excursions dans la jungle, ses expéditions sur les glaciers, le ski alpin à l'année, etc...

Le peuple est très hospitalier.

Pour la nourriture, je n'ai jamais vu autant de choix. Je crois que l'on pourrait qualifier le Venezuela de «capitale gastronomique de l'Amérique du Sud». On peut y passer des plats nationaux à la nouvelle cuisine, aussi bien qu'à la cuisine européenne et américaine. J'aurais pu écrire un livre uniquement sur les restaurants dans les principales villes. On y passe aussi du fast-food à la grande cuisine. De quoi satisfaire les plus fins palais.

Les soirées aussi sont très animées. Le choix est vaste : le cinéma, les discos, les restaurants, les pianos-bars, les cafés en plein air, les grandes salles de spectacles, les orchestres symphoniques.

Les îles de la jungle sont proches, une jungle spectaculaire avec des forêts uniques, des chutes connues à travers le monde, une beauté sauvage qui est là pour votre plaisir.

Ce livre a été écrit pour vous permettre de mieux découvrir ce pays et la mosaïque de possibilités qui s'offre aux touristes.

Je vous souhaite bonne lecture et ¡Buen Viaje!

# PREMIÈRE SECTION

## VENEZUELA

- République de 916 490 kilomètres carrés
- Population de 20 000 000 (94)
- Capitale : Caracas

**PRINCIPALES VILLES :**

- Caracas        7 000 000 d'habitants
- Maracaïbo      3 000 000 d'habitants
- Valencia       1 500 000 habitants
- Barquisimeto 1 200 000 habitants
- Maracay        1 100 000 habitants
  Au total, 25 villes de plus de 100 000 habitants.

## PRÉSENTATION

La langue officielle est l'espagnol, mais il existe dans certaines régions (Amazonas, Delta Amacuro...) des groupes ethniques d'origine indienne qui pratiquent encore leur propre dialecte.

Plus de la moitié du pays au sud de l'Orinoco est constitué de forêts tropicales. Le bassin de l'Orinoco est fait de plaines qu'on appelle llanos (base agricole et d'élevage). Les cowboys, les llaneros de ces plaines, ont joué un rôle important dans l'histoire du pays en supportant les révoltes et les troubles politiques. Dans les régions plus au nord, on retrouve les basses terres de la côte avec les dépôts pétrolifères de la région de Maracaïbo. Les Andes et leurs vallées sont renommées pour leurs fruits et la densité de la population qui y vit.

Sur les routes, il y a 17 050 km de voies pavées, 13 500 km en macadam et 5 850 de voies de gravier.

Les principaux ports sont La Guaira, Puerto Cabello, Maracaïbo, Guanta, Portamar et Puerto Ordaz, sur la rivière Orinoco.

# HISTORIQUE

L'Orinoco fut découvert par Christophe Colomb en 1498 et des colons s'établirent le long de la côte dès 1520. Durant la colonisation espagnole, des pirates anglais s'occupèrent du transport le long de l'Atlantique. Le Venezuela commença sa crise d'indépendance en 1810 avec le rebelle Francisco de Miranda. Il fut assez rapidement battu par le général espagnol Pablo Murillo et c'est alors que vint le libérateur de l'Amérique du Sud, Simon Bolivar.

Simon Bolivar est né à Caracas le 24 juillet 1783, d'une famille aristocratique établie au XVI$^e$ siècle. Son père était colonel. Il fit ses études à Caracas.

Il fait ses premières armes militaires en 1797 et gravit rapidement la hiérarchie militaire. En 1799, il va en Espagne, au Mexique et à Cuba. Il en profite pour étudier l'histoire et la danse et pour se marier. Il visite aussi la France et s'y établit en 1804. La vie sociale était intense sous l'Empire français et il y prend une part active. Lors d'une visite en Italie, il a une vision : il doit libérer l'Amérique latine de l'emprise de l'Espagne. La fin de son histoire est aussi l'histoire du pays.

Après avoir travaillé avec Miranda, il prend la tête de la Révolution; il recrute des hommes en Colombie et, à la tête d'une véritable armée, revient libérer le Venezuela. Cette bataille se poursuit jusqu'en 1815, année où il perd une bataille importante contre Murillo. Il se réfugie alors en Jamaïque et, après avoir rassemblé ses troupes en Haïti, il revient dans son pays en 1816 et le reprend à partir de l'île de Margarita, où il est élu Président du Venezuela. Mais son mouvement de libération ne s'arrête pas là. En 1819, il combat les Espagnols et gagne en Colombie. Il est alors élu Président de la Colombie, qui comprenait à l'époque quatre pays : le Venezuela, l'Équateur, la Colombie et le Panama. Ensuite, il s'allie à Jose de Sucre

(Équateur) et à Jose de San Martin (Argentine) et finit par libérer toute l'Amérique du Sud.

Il meurt en 1830, à l'âge de 47 ans, épuisé par tant de batailles. Il avait pris exemple sur Washington et rêvait de faire de l'Amérique du Sud un seul pays, comme les États-Unis. Il demeure le symbole militaire du continent. On retrouve partout dans le monde des statues de Bolivar, même au Caire.

En 1830, avec Paez, le Venezuela devient une République puis, en 1847, Manogas accède à la présidence. Ensuite, c'est le chaos, avec un dictateur du nom de Castro qui met le pays en faillite. Il est suivi en 1908-935 de Gomez qui, avec l'aide de capitaux étrangers, stabilise le pays. Une junte militaire s'installe en 1945, et en 1947 on assiste à des élections au suffrage universel, mais Gallegos, président élu, est chassé en 1948 par une autre junte, conduite par un dénommé Marcos, qui agira en dictateur pendant dix ans. C'est curieux comme l'histoire peut parfois se répéter. En 1958, Betancourt devient président; il apportera de nombreuses réformes agraires et agricoles. En 1963, Raoul Leoni lui succède, ce qui marque la première passation de pouvoir démocratique.

Raoul Leoni fut président jusqu'en 1969. Le démocrate-chrétien Rafael Caldera lui succède de 1969 à 1973. En 1973, Carlos Andrés Pérez, de l'Action démocratique est élu, suivi en 1978 par le démocrate-chrétien Luis Herrera Campins puis, en 1983, par le Dr Jaime Lusinshi.

Le 5 décembre 1988 (nous l'avions prévu), Carlos Andrés Pérez est de nouveau élu. Il voulait développer le tourisme dans les nouvelles régions de Coro, Morocoy et Rio Caribe.

Le nouveau Président est Rafael Caldera, élu sous une étiquette socialiste, le MAS. Il aurait, paraît-il, environ 80 ans. Il avait déjà été Président de 1969 à 1973.

Le Venezuela est membre de l'O.N.U. et de l'Organisation des États américains.

# LE TOURISME AU VENEZUELA

## HISTORIQUE

Il y a du tourisme depuis quatre siècles au Venezuela; les Espagnols trouvaient déjà les plages très belles au XV$^e$ siècle. Dans les années 1960, les Européens se rendaient à Caracas, les Américains à Maracaïbo par affaires alors que les Vénézuéliens et les Sud-Américains allaient à Margarita. Les gens de Caracas avaient des résidences secondaires à Macuto. Le pays connaît une prospérité sans égale jusqu'en 1983. Le pétrole se stabilise, on cherche de nouveaux touristes.

Le gouvernement décide de remblayer les marais salants de Puerto La Cruz et on y construit depuis ce temps; c'est la zone hôtelière avec sa marina et sa plage.

## LES QUÉBÉCOIS

Les Québécois aiment les plages, les paysages, le climat, mais c'est surtout le coût de la vie qui fait du Venezuela la destination vedette. Notre dollar a beaucoup perdu face au dollar américain, on échange contre des Bolivars. Le fait que la durée de vol soit de 5h30 est aussi un avantage, car le Venezuela est placé au même niveau que les Antilles.

Chose étonnante pour le Sud, les Vénézuéliens construisent vite; un hôtel comme Hosteria El Morro est construit en six mois. En deux ans, on rénove le Doral pour en faire un complexe de condos vénézuéliens. On construit partout, mais surtout à Puerto La Cruz, car les Québécois se rendent à Barcelone, puis le fanatique du Venezuela va à Margarita, Caracas et Maracaïbo.

Cumana est aussi une destination pour ceux qui aiment les coins pittoresques et plus calmes. Tous ces centres sont desservis par des vols directs et des aéroports modernes. Il faut dire que les douaniers sont lents, mais lorsque les vols arrivent la nuit, les effectifs sont limités. Les guides vénézuéliens parlent le français et l'anglais et ils le parlent très bien, car leur éducation est européenne. Chaque grossiste a aussi des représentants sur place.

## LES ANNÉES 1970

Le Venezuela a connu la prospérité pendant cette décennie; il y vint un demi-million d'immigrants qui créèrent une classe moyenne. Les Mercedes étaient en liste d'attente pendant plusieurs mois. En 1973, le prix du pétrole quadruple et le Venezuela exulte. Le gouvernement devient un des plus riches du monde. Le 1er janvier 1976, on nationalise le pétrole. On se sert du pétrole pour construire les routes, édifier des barrages, aider l'agriculture, etc. Le coût de la vie à Caracas suit celui des grandes capitales européennes.

Les premiers Espagnols n'aimaient pas ce pétrole; on l'associait à l'esprit malin qui voulait empêcher l'agriculture.

Le tourisme se développe surtout à l'intérieur; on se retrouve à Macuto ou à Margarita; la classe moyenne voyage beaucoup. Des Européens, surtout des Français, découvrent aussi le Venezuela. Quant aux écologistes, ils y trouvent une nature et une faune sans pareil.

Le président de l'époque est Carlos Andrés Pérez. Sa nationalisation est intelligente, car il garde tout le personnel en place le temps de former des Vénézuéliens capables de prendre la relève.

Tout le monde a sa voiture; les constructeurs européens, américains et japonais établissent des usines d'assemblage à Valencia, à Barcelona. Malheureusement, les Vénézuéliens conduisent trop vite, les accidents sont nombreux.

Le gouvernement accorde des bourses d'études et des milliers de Vénézuéliens étudient en Europe et en Amérique du Nord. L'agriculture commence à décliner, les fermiers voulant tenter leurs chances à la ville et délaissant les fermes. On développe les transports aériens et le téléphone. Le Venezuela est le pays le mieux pourvu en téléphone. Mais la fin de la décennie marque le début de la crise. Le pays n'a pas su diversifier ses ressources, le pétrole baisse et l'on n'a plus de ressources de remplacement.

## LA DÉCENNIE 80

L'année déterminante pour le tourisme est 1983. Deux événements expliquent l'arrivée massive des touristes : d'abord la stabilité des prix du pétrole et ensuite la dévaluation. C'est à partir de ce moment que les Québécois vont entendre parler du Venezuela. D'abord, un grossiste et un transporteur font office de découvreurs, puis tout le monde découvre ce pays.

En 1985, 55 000 Canadiens se rendent au Venezuela. En 1987, ils sont 73 000 à s'y rendre, et on espère franchir le cap des 100 000 avant la fin de la décennie.

Les grandes chaînes d'hôtels continuent de plus en plus à s'intéresser au Venezuela. Dès 1985, les Vénézuéliens se sont aperçus que leurs infrastructures avaient besoin d'être adaptées et le gouvernement y a travaillé.

En 1986, il consacre 250 millions pour développer le tourisme déjà existant (Margarita, Puerto La Cruz, Cumana, etc.) et créer de nouveaux centres dans les États de Coro, Falcon et Sucre. On accorde même l'exemption d'impôt pendant cinq ans aux investisseurs. On annonce aussi l'ouverture de 40 nouveaux bureaux de tourisme à travers le continent américain et de 13 en Europe.

En 1988 un record est établi avec 724 000 touristes, dont 123 000 canadiens, puis c'est la période des troubles, on tire dans les rues et la tendance sera à la baisse jusqu'en 1993. En 1990, on y reçoit 524,533 touristes, qui rapportent néanmoins 409 millions U.S. au pays. En 1991, on compte 539 658 touristes, dont très peu de Canadiens. Pour 1992, le dernier chiffre que nous avons pu avoir était 433 524, dont 125,909 en provenance des États-Unis et du Canada et 185 692 en provenance d'Europe.

## POURQUOI LES GENS VONT AU VENEZUELA

Une étude effectuée en 1993 nous donne les raisons suivantes : 51% pour les plages; 30% pour visiter le pays en excursions organisées et voir l'arrière-pays; 16% pour se reposer et ne rien faire; 14,5% pour y faire du sport et 11% pour magasiner.

### Retour du tourisme

En 1993, les hôteliers ont fait des prix et le Venezuela était une des meilleures aubaines, surtout parce que nous pouvions être certains d'avoir du soleil. Si la tendance se poursuit, à moins de troubles ou de crise majeure, le tourisme devrait réatteindre le million pour la fin de la décennie 90.

# NOMBRE DE TOURISTES AU VENEZUELA
## ET PROVENANCE

| | 1985 | 1990 | 1991 | Augmentation % 90/91 | Augmentation % 85/91 |
|---|---|---|---|---|---|
| PETITES ANTILLES ET HOLLANDE | 36866 | 50347 | 51629 | 2.55% | 40% |
| CANADA | 31080 | 41530 | 47079 | 13,36% | 51% |
| EUROPE | 64254 | 166918 | 201343 | 20,62% | 213% |
| ALLEMAGNE | 8293 | 39569 | 46126 | 16,57% | 456% |
| ITALIE | 15792 | 32479 | 36045 | 10,98% | 128% |
| ESPAGNE | 9988 | 24917 | 31771 | 27,51% | 218% |
| FRANCE | 8221 | 20565 | 31320 | 51,63% | 281% |
| GRANDE BRETAGNE | 6791 | 18570 | 21915 | 18% | 222% |
| SUISSE | 4119 | 9900 | 10204 | 3,07% | 147% |
| BELGIQUE | 924 | 1289 | 1725 | 33,82% | 86% |

# GÉOGRAPHIE

## SITUATION

- 0°40' à 12° de latitude nord;
- 59°20' à 73°40' de longitude ouest.

Les frontières du pays sont la Colombie à l'ouest, le Brésil au sud et la Guyane Anglaise à l'est. Le nord donne 2880 kilomètres de rivage, sur la mer des Antilles. Le fleuve Orinoco divise le pays en deux à la période des crues; le fleuve rejoint l'Amazone par ses affluents. L'Orinoco est le huitième plus long fleuve au monde; il possède 430 affluents et draine presque tout le Venezuela. Le pont suspendu le plus large en Amérique du Sud le traverse.

La section nord du pays se divise en trois parties : les Basses terres de Maracaïbo au nord-ouest font le tour du lac, exploré entre autres par Amerigo Vespucci, qui donna son nom à notre continent. Aujourd'hui, Maracaïbo est peuplé de derricks et d'installations pétrolières. Durant la journée, on peut les visiter en bateau. Les montagnes du nord sont la section la plus importante du pays; 60% de la population y vit dans les plateaux et les vallées qui constituent 10% du pays. Six des sept grandes villes s'y retrouvent. Caracas, qui est à 16 kilomètres de la mer, occupe une vallée à une altitude de 922 mètres. De 1 600 mètres à la ligne des neiges éternelles, on retrouve les plateaux alpins, les Panamas.

Derrière les montagnes du nord, se trouvent les prairies de l'Orinoco; cette portion plane occupe 320 kms dans les montagnes de l'Orinoco. Ces montagnes sont utilisées pour l'élevage des bovins. On y retrouve des torrents à la saison des pluies et cela devient très sec le reste de l'année. On a construit un réservoir dans les années 1960 à Guarico, ce qui permet d'irriguer 300 000 acres durant la saison sèche.

25

La vaste région du sud de l'Orinoco qui occupe la moitié du pays se nomme les Hautes terres de Guyana où 2% de la population habite. Conan Doyle (Sherlock Holmes) a écrit un livre sur cette région. On y trouve aussi une merveille géographique : les Chutes de la rivière Angel. C'est une cascade en pleine jungle, quinze fois la hauteur des Chutes du Niagara. Il y a aussi dans cette région la mine de diamant «El Callao». La montagne Cerro Bolivar, découverte en 1947, contient également du fer. C'est une région riche en or et on n'a pas fini de l'explorer. On y retrouve le plateau tournant Gran Sabana (Grande Savane). Cette région ne peut s'explorer qu'en avion monomoteur.

Les heures de soleil sont presque égales, environ douze heures par jour, sauf en mai, début de la saison des pluies.

**Répartition des jours de pluie par mois**

Janvier : 5; février, mars, avril : 2; mai : 10; juin, juillet, août, septembre : environ 15; octobre, novembre : 12; décembre : 8.

**Le décalage horaire**

Montréal a une heure de moins que le Venezuela; pour la France, le décalage est de 5 heures en hiver et 6 l'été.

## LES ZONES CLIMATIQUES

Les zones climatiques se divisent en trois : les terres basses et le long des côtes : très chaud; les collines intérieures : tempérées, et la région andine : très froide.

Attention, il fait toujours chaud le long des plages de Puerto La Cruz / Margarita, autour de 30°C; la température ne change que de deux degrés entre le mois le plus froid et le mois le plus chaud. Il ne faut pas oublier ses crèmes solaires. Allons-y progressivement. Il ne faut pas oublier que l'on peut faire du ski alpin au Venezuela; nous en reparlerons plus loin.

## Climat

Comme dans tous les pays d'Amérique du Sud, le climat varie avec l'élévation. Dans les Basses terres de Maracaïbo, les températures sont chaudes ou humides. C'est une cuvette et la plupart de temps il n'y a pas de vent. On y enregistre les records de chaleur en Amérique du Sud. Le climat des montagnes, dans la région de Caracas, est sub-tropical. Entre 1 000 et 3 500 mètres, c'est la zone tempérée. De décembre à avril c'est la saison sèche et de mai à novembre la saison humide.

# LA POPULATION

## PROFIL DU PEUPLE

Le peuple est généreux et cherche à aider le touriste. Faites-lui des suggestions, le Vénézuélien fera tout son possible pour vous aider. Le Venezuela a la population la plus urbaine de l'Amérique du Sud; la moitié de ses habitants vivent à la ville. Ils sont contents de leur niveau de vie qui est le plus haut d'Amérique du Sud. Plus de 25% de la population est jeune, 10 ans et moins et l'on estime qu'elle atteindra 25 millions avec le millénaire. De plus en plus ces jeunes veulent accéder aux études supérieures, qui sont une garantie d'emploi. D'ailleurs, 500 000 d'entre eux étudient. En fait, 4 500 000 Vénézuéliens vont à l'école. Il y a, au Venezuela, 82 universités et le taux d'alphabétisation dépasse 90%.

L'espagnol est la langue officielle bien que l'anglais soit enseigné dans les collèges et les universités. En fait, 97% de la population parle espagnol, 1% parle un dialecte amérindien et 2% parle une autre langue. On entend beaucoup d'italien. Quant aux tribus primitives, elles parlent leurs dialectes.

Les gens ont leur fierté, même ceux qui vivent dans les barriadas de Caracas. Même dans les régions les plus pauvres les gens ont deux signes de richesses : un véhicule et un téléviseur. On voit des voitures, de toutes les sortes, des années 70, qu'on a repeintes et qui sont encore très propres, des Fords gigantesques, ce qu'on appelait ici des «gros bateaux» avant la hausse des prix du pétrole, ce qui n'est pas un problème chez eux. La télé est aussi allumée pratiquement 24 heures sur 24. Il y a 5 chaînes nationales, 2, 4, 5, 8 et 10, qui présentent des téléromans, des sports, des films, etc. Pour la religion, à part le catholicisme, les Indiens pratiques des cultes animistes. Beaucoup d'Américains se sont installés au Venezuela depuis le pétrole.

Les gens ne vivent pas au même rythme que nous. Vous entendrez souvent «manana», ce qui signifie «demain». Alors ne soyez pas surpris d'attendre quelque peu, mais souvenez-vous qu'en vacances on SE DÉTEND. N'oubliez pas qu'ils sont vos hôtes et que vous, vous êtes en vacances.

La famille vénézuélienne est le centre de la vie du Venezuela. Tout se fait avec la famille, ce qui est très différent des Antilles où souvent les familles sont assez dispersées. Si voulez rencontrer une famille, il faut prendre le temps d'en connaître au moins un membre et de s'en faire un ami.

D'origine européenne, les Vénézuéliens aiment bien le civisme. Ils respectent les traditions; ils ont d'ailleurs gardé une vieille tradition européenne, celle d'ériger des oratoires près des routes lorsqu'il y a des accidents mortels. On en voit surtout à Caracas et à Margarita.

## LES INDIENS AU VENEZUELA

L'on croit que les Indiens sont au Venezuela depuis plus de 17,000 ans. Avec des couteaux, des sarbacanes, et des lances ils ont combattus les animaux pour élargir leurs territoires et survivre. Ils sont pour la plupart demeurés des nomades et vivent de chasse et de pêche. On compte près de 20 cultures différentes, réparties dans plusieurs régions du pays. On les visite, on les côtoie, notamment on essaie de percer leur science médicinale, car ils possèdent toute une pharmacopée à base de plantes.

Ces tribus vivent de la chasse et de la pêche et se marient entre elles, ce qui donne parfois des enfants anormaux qu'ils éliminent à la naissance si la mère n'a pas assez de lait pour nourrir deux bébés. Elles pratiquent la polygamie, ce qui entraîne de nombreuses guerres.

Napoléon Chagnon, un anthropologiste de l'Université de Santa Barbara en Californie, nous les décrit ainsi: 44% des hommes de 25 ans et plus sont tués. 30% des décès adultes sont de nature violente. Le scénario est le suivant : un homme d'un village capture une femme du village voisin et en fait sa concubine; la famille de la

29

femme se venge en attaquant le village du kidnappeur et on s'entretue ainsi depuis 10 000 ans. Le gouvernement commence à s'occuper de ces tribus en leur donnant des armes à feu pour remplacer leurs flèches, mais cela ne fait qu'accentuer leurs désirs de pouvoir. Les hommes tirent pour tout et pour rien.

Leurs villages sont constitués de vastes huttes dans lesquelles plusieurs familles vivent; un homme peut facilement avoir une dizaine de femmes. Les enfants apprennent à chasser et à pêcher. L'animal le plus dange- reux est le jaguar. Ils utilisent deux sortes de flèches; certaines sont mortelles, alors que les autres ne font qu'assommer. Les hommes portent des chapeaux à plumes.

Les membres de ces tribus sont les derniers descendants des peuples amérindiens qui habitaient le Venezuela à l'origine. Ils ont conservé la pureté de leur race et de leurs coutumes. Leur isolement fait leur force car le seul moyen de les rejoindre, c'est l'hélicoptère. Pour en savoir plus long, il faut lire «Le livre des peuples primitifs» de Napoléon Chagnon, une publication de National Geographic.

Dans tout le pays, vous allez rencontrer des descendants d'Indiens et d'autres tribus. Il y a eu beaucoup d'unions inter-raciales. Les Espagnols avaient souvent deux femmes : une coloniale et espagnole, et parfois même les deux à la fois dans la même maison. L'illégitime, l'Indienne, s'occupait de ses propres enfants et des enfants espagnols. Ne vous scandalisez pas, des explorateurs canadiens comme Radisson et Desgroseillers en on fait autant.

### Une Yanomama au New Jersey

Une histoire à la Roméo et Juliette, un amour impossible : En 1975, l'anthropologiste Kenneth Good se rend chez les Yanomamas, un des peuples les plus traditionnels du Venezuela. Ils vivent pratiquement à l'âge de pierre, 10.000 ans avant nous. Kenneth passera douze ans chez les Yanomamas. On lui attribue une jeune fille pour l'aider avec son poisson et ses plantains. La jeune fille grandit et contre toute attente, ils tombent amoureux l'un de l'autre.

Kenneth revient vivre au New Jersey où il amène sa femme et ils ont trois enfants. Ce sont les seuls Yanomamas qui connaissent les tortues Ninjas. Yarima Good, c'est son nom, vit dans une jungle urbaine et s'ennuie de sa jungle natale. La nuit, elle rêve de ses amies et de dormir dans un hamac. Pour elle, la vie autour de New York est pleine d'imprévus; dans la jungle, tout est toujours pareil : on fait le feu, on prépare les repas et on surveille les enfants. Au New Jersey, elle suit des cours d'anglais et aime la TV, mais elle trouve qu'elle a beaucoup de tâches à la maison faire le ménage, par exemple. Les trois enfants, David, 5 ans, Vanessa, 3 ans et Daniel, 7 mois apprennent des choses qu'elle ne connaît pas, Jésus, entre autres.

Coutume curieuse, chez les Indiens on ne s'embrasse pas. Kenneth et Yarima ont inauguré une pratique dans la jungle, car ils ont été les premiers à dormir en couple dans un hamac; habituellement, chacun a son propre hamac.

Kenneth enseigne trois jours par semaine au collège de l'État. Le soir, il amène Yarima dans les restaurants et dans les centres d'achats. Elle rêve d'apprendre à conduire, d'acheter une voiture sport rouge et de retourner vivre à la campagne en Pennsylvanie, où ils ont vécu avant de s'installer en banlieu de New York. Kenneth et elle aimeraient vivre neuf mois aux États-Unis et trois mois dans la jungle, pour que les enfants connaissent leurs origines, mais cela coûte 30,000 $, ce qui n'est pas donné.

On peut lire leur histoire dans le livre de Kenneth chez Simon and Schuster. Des revues l'ont aussi publiée.

# FÊES POPULAIRES

**Fêtes légales:**

- 1er janvier - Jour de l'An
- 6 janvier - Épiphanie
- Mardi Gras
- Veille du carnaval
- Carnaval
- Jeudi saint
- Vendredi saint
- Pâques
- 19 avril - Déclaration de l'Indépendance
- 1er mai - Fête du Travail
- 24 juin - Bataille de Carabobo
- 5 juillet - Jour de l'Indépendance
- 24 juillet - Fête de Bolivar
- 12 octobre - Fête de Colomb
- 1er novembre - Toussaint
- 25 décembre - Noël

Les fêtes religieuses sont importantes. Noël est célébré pendant une longue période avec des feux d'artifices et de la musique de Noël.

Le Mardi Gras prend des allures de Carnaval de la Nouvelle-Orléans; les Vénézuéliens aiment les costumes.

La journée de l'Indépendance est le 5 juillet et le 24 du même mois marque l'anniversaire de Bolivar. On célèbre ces deux dates avec des parades et des feux d'artifices.

# CALENDRIER FOLKLORIQUE VÉNÉZUÉLIEN

Ce guide ne serait pas complet sans quelques références sur le folklore et les fêtes populaires, ce qui permettra au visiteur de choisir les dates voulues pour voir quelques célébrations locales. Nous vous décrivons quelques fêtes pour vous donner une idée de la richesse et de la variété du folklore.

## JANVIER

On continue les fêtes de la nativité. On célèbre les Saints Innocents, ce qui ressemble à notre poisson d'avril; on joue des tours, on s'habille de couleurs vives, on simule des combats. Pour ceux qui l'auraient oublié, le jour des saints innocents rappelle la mort de nombreux enfants tués par Hérode qui voulait éliminer Jésus.

Vers le 6 janvier, on fête les Rois, et la fête de San Benito; les dates varient suivant les régions. Entre le 20 et le 27, on fête la San Sebastian, à San Cristobal; expositions, combats de taureaux et danses populaires sont parmi les éléments des fêtes les plus importantes.

Une des fêtes les plus intéressantes est sans doute la «Romaria de Los Pastores de San Miguel» (le pèlerinage des bergers de St-Michel). C'est une fête axée sur la nativité, et qui se joue au théâtre en plusieurs actes. Les actes sont l'attente de l'enfant, le pèlerinage des bergers, et le jeu des poulets et des canards; on y trouve des rôles de soldats, de bergers, de vieilles femmes, de rois, de fous, tous interprétés par les gens de la ville. La musique vénézuélienne accompagne les chants du rosaire. Tout cela se passe à San Miguel (Trujillo) entre le 4 et le 7 janvier.

## FÉVRIER

On fête le carnaval comme à Rio; ceux de Carupano, Margarita et El Callao sont très courus, ce dernier surtout, à cause des troupes de gens costumés qui arrivent au son du Calypso via Trinidad. Le Calypso est une musique antillaise qui tire son origine des barils de pétrole sur lesquels on jouait au début. On l'appelle aussi «Steel Band». Nous l'avons découverte au Québec lors d'Expo 67. Le Carnaval, comme celui de Rio, met en valeur les écoles de danse locales et les costumes de différentes troupes.

## MARS

Le 19 mars, on fête St-Joseph, on danse le Joropo à Elorza. Cela donne lieu à des réunions de famille dans les villes et à la campagne.

Le Joropo varie selon les régions, mais cela débute toujours par une valse, et le partenaire masculin guide le reste. La femme revêt des toilettes très colorés et l'homme porte habituellement une chemise blanche, un pantalon, un chapeau et des bottes. On fête St-Joseph dans toutes les villes.

## AVRIL

La semaine sainte donne lieu a des congés dont la plupart profitent pour aller sur les plages. Il y a aussi les processions du dimanche des rameaux, une semaine avant Pâques. À Tostos, dans l'État de Trujillo, on refait la Passion comme à Oberammergau; on suit scrupuleusement les écritures. Toute la ville y participe avec une ferveur peu commune. Il y a aussi une cérémonie qui s'appelle l'Holocauste de Judas au cours de laquelle on brûle un Judas, qui représente le Diable et les péchés plus que l'apôtre.

## MAI

On fête le réveil de la Croix, C'est une fête pour remercier des faveurs. On décore une croix de fleurs et de guirlandes et on la place dans le patio ou le jardin. On célèbre habituellement cette fête le 3 mai. Dans certaines villes, on place parfois les croix sur les montagnes.

## JUIN

Dans toutes les villes, on fête le Jeudi du corps de Christ (Corpus Christi). On fait plein de promesses au Saint-Sacrement, on le vénère. À San Francisco de Yare, on célèbre aussi la Fête des Diables, le Jeudi de Corpus Christi. On fête aussi St-Antoine de Padoue le 12 ou le 13. Pour les Québécois, on célèbre également la St-Jean, dans toutes les villes du littoral. Il n'y a pas de feux d'artifices, mais des concours d'endurance de danse; on danse toute la nuit si on en est capable.

## JUILLET

Le 5, on fête la signature de l'indépendance et le 24 la naissance de Bolivar. Entre le 15 et le 22, on fête la Vierge Marie, particulièrement à Margarita. Le 24 on fête aussi St-Bartolo; le 20 on fête Sainte-Rose de Lima. Le 30 est aussi la date du YONNA, une fête des Indiens Goajiro, c'est une fête pour les femmes de la tribu Wayuu. C'est une danse avec les tambours et un couple sur une estrade spéciale; la danse, comme la plupart des danses, met en valeur l'homme qui résiste aux attaques de la femme.

## SEPTEMBRE

On fête la Vierge de Caromoto, la patronne du pays dans la plupart des villes. On a aussi une fête aborigène, les Turas, qui est une fête agricole.

## OCTOBRE

Deux fêtes donnent lieu à des compétitions et des spectacles le 12 ou le 13, Our Lady of Pilar et la fête de San Pascual Bailon.

## NOVEMBRE

Deux fêtes religieuses, la Toussaint les Ames de tous les défunts, le 1er et le 2. Le 2 on joue des tours et on fait des jeux dans les cimetières.

Le 12 il y a la fête bavaroise d'origine dans la région de Tovar. Du 12 au 18 il y a la Foire de la Chinita, une fête populaire dans la région de Maracaïbo, où l'on joue des pièces sacrées, des spectacles et des combats de taureaux au son des Gaitas, la musique de la région.

## DÉCEMBRE

Pendant trois jours, au milieu du mois les années paires, la fête des violons à Tovar, État de Merida.

Comme partout dans la chrétienté, c'est la Nativité avec ses banquets, ses repas, la musique, les souhaits de bonheur et de prospérité, sans oublier les cadeaux.

En plus de ces fêtes, religieuses pour la plupart, chaque ville a ses fêtes locales, ses patrons. On peut se renseigner à l'hôtel. On voit par ces manifestations que les Vénézuéliens sont profondément religieux.

# GOUVERNEMENT

Un président élu au suffrage universel et une législature élue également.
Le système politique est copié sur celui des États-unis. C'est une Fédération d'États.

- Pouvoir exécutif : président et conseil des ministres.
- Pouvoir législatif : Deux chambres, sénateurs et députés. Les deux sont élus pour cinq ans.
- Le président actuel : Rafael Caldera, élu en 1992.
- Pouvoir judiciaire : cour suprême et 768 cours de districts.
- Capitale : Caracas, ville dynamique, confiante en l'avenir, plusieurs fois endommagée par des tremblements de terre.
- Population : 20 000 000 d'habitants, essentiellement jeunes; 15% seulement ont plus de 45 ans.

## ÉCONOMIE

Le pétrole vient en tête depuis la fin de la première guerre. C'est le premier pays exportateur de pétrole et le deuxième producteur au monde, compte tenu de sa population. On y trouve aussi des mines d'or et de diamants. Dans les forêts, on exploite également la vanille. On pêche des perles tout autour de Margarita. L'industrie comprend la transformation du bois, du coton et de nombreuses cimenteries.

Un phénomène étrange se produit depuis 1983, le Venezuela s'appauvrit. En 1987, le produit national brut était de 3 110 $ U.S. et les ressources principales étaient le fer, le pétrole et le café. Pour 1992, le produit national brut était de 3 230 $ U.S. c'est donc dire qu'il a très peu monté et la seule ressource est le pétrole brut.

On tente de développer d'autres industries. Avec la compagnie Reynolds, on a essayé de développer l'aluminium. Sur la rivière Caroni, on a construit un barrage qui comprend une douzaine de turbines et qui fournit l'électricité au pays. On tente aussi de développer le papier. Pour loger les travailleurs, on construit des villes temporaires, comme à la Baie James; on a construit à Guayana un village d'ouvriers.

Les écarts entre les riches et les pauvres ont tendance à augmenter, 5% des plus riches possèdent 30% de la richesse. La dette extérieure est de l'ordre de 30 milliards de dollars et s'accroît avec les années.

On développe le pétrole, l'acier à Mantanzas, l'aluminium, la pétrochimie. On importe surtout des machines, des outils; on importe aussi des voitures en pièces – européennes, japonaises et américaines – et on les assemble à Barcelona et à Valence.

En décembre 1988, Carlos Andrés Pérez prend la présidence; il a été destitué, mais il a changé l'économie du pays vers une économie de marché. Il a modifié la vision du pays, en orientant le marché vers des ressources autres que le pétrole. On a découvert d'autres minéraux, on a construit le plus vaste barrage, et on a mis l'accent sur la main d'œuvre qualifiée à bon marché.

Nous avons mis la main sur un dossier économique dont nous vous traçons les grandes lignes.

En février 1989, le gouvernement Pérez décida de réduire la dette, d'abolir les importations préférentielles, et de permettre un taux de change flottant du bolivar, ce qui entraîna des troubles, mais donna des résultats au point de vue économique. On décida aussi de privatiser les entreprises acquises et développées pendant le boom pétrolier des années 70 : 400 entreprises, de l'hôtellerie aux raffineries de sucre, et même le pétrole et le téléphone, en allant chercher des partenaires autant en Amérique qu'en Asie. On a lancé des politiques d'exportation, qui donneront des résultats : en 1990, le pays a eu 4 milliards d'exportations qui ne touchèrent pas le pétrole.

Malheureusement l'inflation a été vertigineuse. En février 1989, elle atteignait le record de 21.3% dans un mois, ce qui occasionna des troubles sociaux. La population avait profité trop longtemps des largesses de la richesse pétrolière. Un programme d'emploi de 2.9 millions a été lancé. Nous avons aussi que le Venezuela dépense toujours 20% de son budget à l'éducation, alors que d'autres pays comme le Mexique et l'Argentine en dépensent moins de 10%. Après avoir reçu des avertissements de la Banque Mondiale, le Venezuela a obtenu une des meilleures cotes pour 1993. Cet argent devra servir à réduire la dette et poursuivre la recherche dans certains secteurs; ainsi, 5 milliards seront dépensés dans la pétrochimie. Le commerce maritime a aussi pris un nouvel essor : le Venezuela a des bateaux partout, et ses coûts sont les plus bas sur Miami entre autre.

Tous les secteurs économiques sont désormais ouverts à l'investissement étranger : les banques et les assurances acceptent maintenant la participation étrangère; le téléphone s'est grandement amélioré avec une participation américaine massive; auparavant, les transmissions étaient mauvaises, à cause de l'écho. En 1994, les fax sont nombreux, le cellulaire fonctionne et les communications sont aussi claires qu'au Canada.

Le pétrole a continué avec des investissements américains et japonais; la pétrochimie s'est développée et compte maintenant 13 entreprises étrangères. Les coûts de production sont très bas; l'aluminium, entre autres, coûte très peu, car l'électricité est une des moins chères au monde.

Nous avons obtenu les résultats pour 1992 : croissance de 7% du PIB; 200 000 emplois; investissements étrangers d'un milliard. Malheureusement l'inflation est restée à 30%. Les déficits publics sont énormes, le quart du budget. Les privatisations ne vont pas assez vite, le revenu moyen est tombé au niveau des années 70, ce qui entraîna des tentatives de révolution qui se terminèrent dans le sang. La corruption a mené à la violence, entraînant des milliers de morts. À Caracas, le président a été contraint de démissionner; on l'accuse d'avoir détourné plus de 17 millions.

À cause du transport maritime sur Miami, le pays est aussi devenu une plaque tournante de la drogue. On a même arrêté, en février 1994, une équipe de répression de la drogue et un des chefs de la DEA – l'agence américaine de répression contre la drogue – qui était à Caracas et en profitait pour faire des millions.

Le secteur touristique avait aussi baissé. En 1990, les tentatives de rébellions sont matés par la force, on tire sur des étudiants; un peu partout, même à Puerto La Cruz, des tirs de policiers dispersent les manifestants. Les Canadiens vont abandonner la destination pour 3 ans. En 1993, on recommence à y aller. En 1990, le service de tourisme a développé pour 147 millions de dollars de projets hôteliers avec 9 compagnies étrangères. En 1991, 23 projets se sont mis en marche. Corpoturismo a décidé de vendre ses hôtels; on prévoit 11,000 chambres pour la décennie, dont 2,800 ont été construites à date.

### L'histoire d'une de ces constructions

Notre équipe n'affectionne pas particulièrement Puerto La Cruz, mais on y a enfin construit un nouvel hôtel digne de ce nom. Le Groupe Carnival – celui des croisières qui a aussi des hôtels au Bahamas, comme le Radisson, le Lucayan Beach Resort et le Crytal Palace – a construit le Golden Rainbow. Une première phase de 500 chambres est ouverte, mais on en prévoit plus de 1 000, dans le secteur El Morro. Cet hôtel deviendra, par ses services et sa qualité d'hébergement, un des meilleurs offerts aux Canadiens en Amérique du Sud. Pour le moment, il y a des bâtiments peu élevé, un terrain de golf, une marina, des lagunes, une piscine avec chute et vagues, des îles tropicales, une piscine pour enfants, des tennis neufs éclairés, 4 restaurants, trois bars et une salle de spectacle, de même que des boutiques, une garderie et des navettes nautiques pour les sports comme la plongée, la voile, le ski nautique, etc...

Neuf trous du golf sont prêts, ainsi qu'un centre de santé. Pour ceux qui veulent Puerto La Cruz, je vous le recommande. Si celui-ci n'est pas disponible, le Melia a aussi été rénové et offre encore plus de services. D'autres hôtels sont aussi recommandés. À oublier, le Doral et Hosteria El Morro.

Pour tracer rapidement un bilan économique, en 1994, le pays compte un peu plus de médecins, la scolarisation a augmenté, l'espérance de vie aussi, mais le peuple a moins d'argent. Les inégalités sociales sont plus omniprésentes, et on a des problèmes de criminalité. À Margarita, il n'y a pas vraiment de problème, et cette île jouit d'un boom touristique incroyable, mais à Caracas, évitez de sortir le soir, surtout dans les ranchos, où habitent de plus en plus de gens.

Les liens économiques entre le Canada et le Venezuela sont beaucoup plus nombreux qu'on le pense : on y a exporté des vaches, des Convair et des CL-215, mais il y plus que cela. À l'expo Canada 1993, à Caracas, 135 compagnies canadiennes ont exposé leurs produits et services; pendant trois jours, on a pu voir des ordinateurs, des services pour les forêts et l'environnement, de l'équipement de télécommunications et des mines, et plusieurs Canadiens se sont associés à des Vénézuéliens pour former des sociétés mixtes.

En 1992, les transactions commerciales entre les deux se sont élevées à 559 millions de dollars. Le Canada fait maintenant partie du libre échange nord-américain, mais le Venezuela est le 4ième pays en liste pour un accord. En 1990, la croissance du PNB a été de 9,2%, dont le pétrole et ses dérivés représentait 28%, mais on veut étendre les produits manufacturés, et les services. Pour le moment le Venezuela exporte surtout des fruits, mais le Canada lui vend du papier, de la cellulose, des voitures, et même des machines à essence.

Le Canada est appelé à jouer un rôle dans la privatisation des télécommunications et des transports, l'A.C.D.I. a aussi investi 8.8 millions de dollars dans 14 projets au Venezuela, surtout en agriculture et pour l'environnement.

Parmi les compagnies qui y ont fait leur marque, il y a GM avec ses diesels; le Québec et l'Ontario se sont surtout impliqués dans les communications. En 1993, les investissements industriels au Venezuela se chiffrait à environ 400 millions de dollars.

Il reste beaucoup à faire dans l'infrastructure touristique, la santé, l'environnement et l'agriculture. Dans tous ces domaines le Canada est un partenaire de choix pour le Venezuela.

## AGRICULTURE

Bien avant le pétrole, c'était la seule ressource. Malheureusement on a délaissé l'agriculture pour le pétrole et le pays doit aujourd'hui importer presque toute sa nourriture. On y retrouve le café, la marque Anzoategui est excellente. Le maïs et le riz ne suffisent plus. Comme dans toutes les îles du Sud, on y trouve aussi du manioc, des bananes, du coton, mais pas assez pour tous.

L'agriculture est très archaïque et occupe tant bien que mal le tiers de la population, mais elle manque de capitaux et de machinerie. Le tabac est aussi exploité sur une petite échelle.

## ÉLEVAGE

Très florissant; d'après les derniers chiffres on y comptait onze millions de bovins. D'ailleurs on achète des vaches au Québec et on les expédie au Venezuela. M. Pierre Jetté de Mirabel me confirmait que les Vénézuéliens viennent chaque année acheter des centaines de vaches au Québec. Donc, ne vous inquiétez pas si vous mangez des steaks ou des produits laitiers là-bas, il y a de fortes chances qu'ils viennent de chez-nous.

Leur production de lait et de ses dérivés est très importante; les derniers chiffres font état de près de 2 millions de tonnes de lait, dont on fait 35 000 tonnes de fromage et 6 000 tonnes de beurre.

Dans les pays tropicaux il y a deux choses qui font partie de la vie quotidienne d'un rédacteur, et de tous : le café – on en prend plusieurs et ils sont très bons – et la bière, à partir de 10 hres. Je vous avoue qu'on a chaud à couvrir tous les sites et à rencontrer des gens et ces deux breuvages nous permettent de ne pas nous déshydrater.

Les Vénézuéliens ont toutes les sortes de café : grâce à leurs origines européennes, on peut prendre un café au lait – un café con leche por favor – pour déjeuner. La bière est aussi omniprésente et est excellente. Je n'ai jamais su le degré d'alcool, mais la Polar se laisse boire pour pas cher, tou- jours en bas du dollar. Une de nos équipes en a même visité une usine de fabrication et l'on trouvée d'une pro- preté exemplaire, on pourrait y manger par terre. La Polar est exportée un peu partout; on en trouve en Floride, chez X-TRA. Il y a aussi des bières plus populaires, la Nacional et la Cardenal.

Il faut aussi mentionner la production remarquable de bière, près de 5 millions d'hectolitres.

## PEUPLEMENT

Au début du siècle, le pays comptait environ 2 391 000 habitants; ce qui en faisait déjà un pays très peuplé. Depuis, la population a cru rapidement:

- 1967 :  8 876 000 habitants
- 1976 : 11 290 000 habitants
- 1984 : 14 000 000 habitants
- 1986 : 16 200 000 habitants
- 1994 : 20 200 000 habitants

La population se compose pour 83% de Métis, 10% de blancs, 5% de Noirs et 2% d'Amérindiens. La population blanche vient du million d'Européens qui ont émigré depuis la dernière guerre à cause de la découverte du pétrole. On y trouve même des Zambos, mélange d'Indiens et de Noirs. 34 000 Indiens vivent dans la jungle.

Le peuplement est donc impressionnant. Malheureusement, le niveau de vie ne suit pas toujours, comme d'ailleurs dans tous les pays de cette région du monde. Les biens sont inégalement répartis. Il y a bien eu une réforme agraire, mais le commerce extérieur reste largement déficitaire. Caracas a déjà été reconnue pour être la ville la plus chère au monde.

## Les salaires

Le salaire minimum est de 120 $ canadiens par mois, les cadres moyens en gagnent 600 $, ce qui fait que les voitures sont un luxe. Les prix ont augmenté, on paie maintenant 18 000 $ canadiens pour une Chevrolet Swift, imaginez donc ce que cotent les grosses voitures.

## La religion

La religion dominante est catholique romaine et l'on y retrouve de nombreuses églises de style espagnol. Il n'est pas rare de voir un grand nombre de mariages le samedi. Il existe six grands diocèses ainsi que des églises évangélistes, orthodoxes de même que des synagogues.

## Le commerce extérieur

La Floride est le principal partenaire commercial du Venezuela. En 1992, le commerce entre les deux s'est élevé à près de 4 milliards de dollars. La Floride a vendu pour 3 045 000 $ au Venezuela, et a acheté pour 645 500 $; inutile de vous dire que la balance est déficitaire.

Le Venezuela est le troisième partenaire commercial du Canada, il vient immédiatement après les É.U. et le Mexique et nous achète surtout des denrées agricoles et des animaux. Il emprunte la technologie canadienne. Plusieurs vétérinaires vont souvent au Venezuela en compagnie d'agronomes québécois pour aider l'agriculture et l'élevage.

Le Canada achète surtout du pétrole au Venezuela; il n'est pas rare de voir des pétroliers vénézuéliens descendre la voie maritime du St-Laurent, car depuis 1983, le pétrole vénézuélien nous coûte moins cher que notre pétrole albertin.

On commence aussi à apprécier le café vénézuélien; on en vend dans certaines boutiques spécialisées comme la Brûlerie de la rue St-Denis.

# LES PARCS NATIONAUX DU VENEZUELA

Bien qu'il ne dépasse pas encore le Costa Rica, le Venezuela est la destination soleil qui compte le plus de territoire en parcs; le malheur est que la plupart des Québécois n'en verront aucun. Près de 15% du pays est en parcs, répartis en 32 parcs nationaux, 14 monuments nationaux, 40 zones protégées, 2 zones agricoles protégées, 11 forêts et 6 réserves fauniques. On retrouve en plus l'herbarium national, et beaucoup de projets.

Les parcs ont été divisés selon les régions. On en compte cinq : la zone marine de la côte, la zone aride et semi-aride, les Llanos et les plaines basses, les forêts et la forêt nuageuse. Nous connaissons surtout la zone marine, car Los Roques, Mochima et La Restinga en font partie. Les Llanos couvrent plus de 240 000 km². Les parcs de Guarilluito et de Capanaparo servent pour la reproduction des espèces en voie de disparition, comme le crocodile de l'Orénoque, le capybara, les outres, et certaines espèces de tortues des rivières.

Nous aurons des projets pour les touristes dans certains de ces parcs.

Le pays est couvert à 29% par les forêts tropicales, dont 3,5% font partie des parcs. Les forêts sont de plus en plus réduite à cause de l'expansion des terrains agricoles, et des fermiers qui brûlent des forêts. Canaima et Yapacana sont des habitats protégés pour les félins et les singes primates. Avec l'affluence des touristes à Canaima, on déplore une dévastation de la faune et de la flore et l'on prévoit donc des restrictions de visiteurs à Canaima. Les Toucans, les ocelots, les perroquets connaissent aussi des problèmes avec les braconniers. La vente est restreinte, mais il y a de la contrebande via d'autre pays.

On trouve des forêts nuageuses et des paramos au sommet de la Sierra de Perija à la limite orientale des Andes, à une altitude de 1200 à 5000 mètres. On en trouve aussi en divers autres endroits. Ces forêts ont une variété faunique et florale exceptionnelle et heureusement peu de gens les visitent. On y trouve même une variété d'ours dans la région de Merida.

## Résumé des parcs

Comme il y en a 32, je ne peux vous citer que les plus connus ou les plus intéressants. Notre équipe les a visités. Nous disposons cependant du tableau complet et pouvons vous le faire parvenir sur demande écrite, moyennant 2.00 $, incluant les frais d'envoi et de manutention.

• Canaima : Un parc immense, un plateau avec des falaises dans les Tepuys. On y trouve des forêts pluviales et des savanes ainsi que des cours d'eau très importants. Il est situé au sud-est du pays, au sud de l'Orénoque. Le climat est difficile à cause de l'humidité constante et de la température qui se maintient autour de 32°C. On y retrouve des espèces de mammifères en voie de disparition, à partir du jaguar jusqu'au fourmilier. Il est possible d'y demeurer dans des campements. Les visiteurs y voient surtout la chute Angel et le Tepuy.

• Los Roques : Un des plus beaux, archipel de corails, des atolls et quelques îlots habités. On peut y accéder en bateau par la Guaira, à 150 kilomètres au nord. Plongée, pêche, site de reproduction de tortues. Naufrages à visiter.

• Coro : Le désert, unique en Amérique latine, dans l'état de Falcon, 9 mois sans précipitations. Désert aride, iguanes et quelques oiseaux.

• Paramo del Batallon : En haute altitude, plus de 100 lacs glaciaires, à la frontière de la Colombie. On y retrouve ocelots, pumas et bœufs des montagnes.

• Mochima : Parc marin, mangrove, îles et îlots magnifiques, plages nombreuses à marée basse. Au nord-est de Puerto La Cruz. Très chaud. On y trouve des tortues et des flamands.

• Morrocoy : Parc marin, le plus beau, baies, îles et îlots, prairies de sable blanc. Très chaud. Site d'oiseaux tels que le héron, l'ibis, et le flamand, ainsi que tortues de mers, caïmans noirs et lamentins.

46

- Sierra Nevada : Parc alpin, sommet de plus de 5,000 mètres. On y accède par Merida. La température s'abaisse à mesure que l'on monte, de 25° à 0°C, avec vents, tempêtes de neige, animaux comme les ours, les pumas, les jaguars; une grenouille orange est aussi à voir.

- Caves de la Quebrada del Toro : Dans l'état de Falcon, formations de roches avec forêt dense tropicale, perroquets, ocelots, autres oiseaux.

- Laguna de la Restina : Du niveau de la mer à 280 mètres, 35% de mangroves, végétation dense, au centre-nord de l'île de Margarita. Sans doute le plus visité. Flore et faune aquatiques, hérons, flamands, perroquets, hiboux.

- El Avila : De 120 à 2,765 mètres, au sommet de la chaîne de montagnes centrale, dans le district fédéral; température variable selon l'élévation; orchidées, faune ailée et chats sauvages.

## Les oiseaux du pays

Le Venezuela est avec le Costa Rica, un des pays que les ornithologues aiment bien. On peut y voir à peu de frais – les vols nolisés nous le permettent – 44% des spécimens d'oiseaux du continent, soit 1300 différents. Le troupiale est l'oiseau national. On retrouve 49 spécimens de perroquets ou d'oiseaux de la même famille; 21 espèces de toucans sont présentes; les hérons, les ibis et les aigrettes sont omniprésentes; les perroquets sont visibles même en haute altitude. Une trentaine d'oiseaux du pays sont rares ou en voie d'extinction.

## Les orchidées

Ces fleurs on fasciné tous les Québécois qui s'y sont rendus depuis presque 10 ans; on en retrouve plus de 2 500 variétés, et certaines sont très rares.

## Divers

Le site de Los Olivitos est un des plus importants refuges pour la reproduction des flamands, et l'île de Aves une des plus importantes pour la reproduction des tortues. Celui de Cuare est le site de protection des crocodiles américains.

## Les mines du pays

On se croirait à Dawson City, on y joue du revolver. Attention, la ville d'El Dorado ressemble au Far-West du cinéma avec ses vieilles maisons, mais on y a déjà découvert de l'or, et des diamants, dont un de près de 155 carats. Les mineurs sont drogués par la mine. Même riches, ils reviennent, sans le sous après quelques mois. On y retrouve des gens de tous les pays qui veulent faire fortune, mais la fortune ne sourit même pas aux audacieux. La plupart y font travailler femmes et enfants dans des conditions insalubres.

## Les Llaneros – Les cow-boys du Venezuela

Les cow-boys sud américains n'ont rien à envier à nos cow-boys américains, d'ailleurs on a transformé beaucoup de ranchs en haciendas où les gens peuvent vivre la vie des cow-boys, s'essayer au lasso, attacher et marquer les bêtes, faire un feu, dormir à la belle étoile etc... Nous avons eu l'occasion d'y vivre un fin de semaine et cela en vaut la peine. Le film les apprentis cow-boys et la suite qui s'en vient nous en donnent une idée.

On peut aussi en avoir une idée en lisant Dona Barbara de Romulo Gallegos. Il y a même un ranch qui a pris ce nom, celui qui a inspiré le livre.

## Une histoire peu banale

À Caracas, il y a toutes sortes de gens : des gens pauvres de toute l'Amérique du Sud qui se cherchent du travail; les maisons des riches ressemblent à des forteresses. Nous ne vous conseillons pas de sortir le soir, surtout les dames. Il ne faut pas tenter le diable. Il y a aussi les brigades en vélomoteurs; ils passent vite en vous arrachant votre sac à main. Mieux vaut utiliser les ceintures-portefeuilles. Il y a aussi le trafic de la drogue qui passe trop souvent par Caracas par bateau ou par avion. À Puerto La Cruz ou à Margarita, cependant, il n'y avait rien eu jusqu'à ce détournement d'autobus de Canadiens du 14 mars. Pour ceux qui ne connaissant pas l'histoire, un autocar de touristes de Jet-Tour Mont Royal a été hold-uppé dans la plus pure tradition des frères Dalton. Deux Colombiens sont montés à bord et ont pris l'argent, les chèques, les passeports, les montres et tous les bijoux des voyageurs. Heureusement, il n'y a pas eu de blessés. Nos touristes qui arrivaient en ont eu pour leurs émotions. Il faut dire que le vol arrive en pleine nuit. Nos avions québécois doivent fonctionner pratiquement 24 heures sur 24 pour réduire les coûts, ce qui fait que la plupart des vols en direction et en provenance de l'Amérique du Sud se font de nuit, ce qui n'est pas l'idéal. Pour ma part, je conseille aux gens de voyager de jour, si possible.

Le gouvernement a pris l'affaire en mains et les responsables ont été capturés moins de trois semaines plus tard. Tout, ou presque, a été remis aux Québécois et la sécurité autour de l'aéroport a été accentuée. Quant au Doral, il n'est toujours pas recommandable.

Cette histoire s'est passée pendant la campagne électorale en Colombie et l'argent devait probablement servir à acheter des armes. Nous espérons bien que la scène ne se reproduira plus.

## LES MUSÉES DU PAYS

Le Venezuela a eu des périodes très prospères et ses origines européennes lui ont donné une conscience historique. C'est pourquoi on y retrouve de nombreux musées. Le seul autre pays latino où on en retrouve une aussi grande variété est le Costa Rica.

• Musée ornithologique : À Caracas, sur la colline du Calvaire, pour les amateurs d'oiseaux.

Musées des arts coloniaux d'Anauco : Dans la quinta du même nom, quartier San Bernadino à Caracas, art colonial, plantes tropicales.

• Musée des sciences naturelles : À Caracas, à la Plaza Morelos, archéologie, sciences et statue d'or, El Guara, à voir.

• Musée de la tradition: Musée de l'époque coloniale.

• Musée du folklore : À Caracas, concerts indigènes et artisanat.

Les Grottes de Guiaicaipure : Près de Carrizales, grottes où l'on peut voir des artéfacts.

• Musée de la mer : À Margarita, sur la mer et la vie marine.

• Musée archéologique Ula : À Merida. L'histoire de la région avant la conquête.

Ceci n'est qu'une liste partielle des musées que vous devriez voir, surtout pour ceux qui en sont à leur troisième voyage et pour ceux qui y séjournent longtemps.

# DEUXIEME SECTION

## LES LIEUX TOURISTIQUES

## BARCELONA - PUERTO LA CRUZ

### L'ÉTAT D'ANZOATEGUI

Barcelona et Puerto La Cruz sont situées dans l'État d'Anzoategui. Cet État se trouve au nord-est du pays, limité au nord par la mer des Antilles, à l'est par l'État de Sucre et de Monagas, au sud par l'État de Bolivar, et à l'ouest par l'État de Guarico et de Miranda. Sa population, très jeune et dynamique, se chiffre à près de 325 000 personnes.

La capitale, Barcelona, compte 156 000 habitants. La ville fut fondée par Sancho Fernandez de Angulo, en 1671; elle se situe à 340 kilomètres de Caracas, mais la route d'asphalte qui les relie est excellente. Elle est aussi pratiquement scindée à Puerto La Cruz par une avenue de 11 kilomètres de développement urbain et d'usines.

Barcelona est divisé en deux par la rivière Neveri, qui est navigable pour les petites embarcations. La température s'y maintient autour de 28°C toute l'année. La ville a des facettes modernes, mais aussi coloniales. Il y a une zone industrielle importante grâce la topographie et à l'abondance d'eau potable.

Le nom de la région vient du héros de l'indépendance, José Antonio Anzoategui.

### Attractions touristiques

• La Casa Fuerte: Le nom populaire de l'ancien monastère des Franciscains. On le visite surtout parce qu'il fut le site de batailles lors de la guerre de l'indépendance.

51

- Les grottes San Felipe: Grottes historiques.
- Les rivières : On trouve plusieurs rivières pour se baigner, les plus connues sont la Sirena, San Diego, la Laguna de Boca et la Laguna de Piritu.
- Sports nautiques : Tous les sports sont possibles et la mer est calme en raison des îles qui isolent la mer des vents.
- On trouve dans cet État les villes d'El Tigre, de Cantaura, de San Tome, de Clarines et de Boca de Uchire. Il y a aussi une université à Puerto La Cruz, c'est un campus de l'université d'Oriente.

## PUERTO LA CRUZ

Puerto La Cruz est à 10 km environ de Barcelona. C'est une ancienne ville portuaire où l'on trouvait autrefois des marais salants et des raffineries. Les raffineries sont en arrière de la ville, mais la plupart des touristes ne s'y rendent pas; ils vont dans une zone de lagunes située entre Lecheria et Puerto La Cruz. Le projet a débuté dans les années 70, avant la chute des prix du pétrole; le Doral date de cette époque. Cet ambitieux projet compte plusieurs hôtels, mais on y avait prévu 15 000 chambres sur 2 000 acres de terrain, avec des marinas, un golf, des centres d'achats, ce qui ne s'est pas entièrement réalisé. On y a maintenant construit le Maremares Golden Rainbow et le Pueblo Viejo, ce qui fait que l'hébergement s'est amélioré, car auparavant, il n'y avait que le Doral et le Hosteria El Morro, deux hébergements très standards.

On prévoit encore construire un autre terrain de golf, des quais pour des bateaux-maisons, des jardins, etc... Considérant la vitesse à laquelle les choses avancent, il y en a encore pour deux décennies. On y trouve aussi le complexe de condos Sol Mar. Ces condos appartiennent à des Québécois, qui ont fini par les construire malgré de nombreux problèmes.

Le complexe se trouve dans une baie, ce qui fait que les vagues sont pratiquement inexistantes; on peut donc y pratiquer toute la gamme des sports nautiques.

A la fin de la décennie 80, on a également dû refaire l'aéroport pour suffire à la demande.

## Le centre-ville

Outre la zone touristique El Morro, on a les hôtels de la ville et la Paseo Colon. La Paseo Colon est un très long boulevard le long de la mer, on y trouve des restaurants, des fontaines, des cafés-terrasse, et des clubs de nuit, en plus des hôtels. À la fin du boulevard, se trouve la station des traversiers et des bateaux pour Margarita. La ville est ainsi devenue le coin le plus connu et la porte d'entrée de la région. Il faut visiter ces îles, les plus connues sont Chimana, La Borracha, La Plata, La Piscina.

## Produits locaux

Huile, gaz naturel, le bétail, les arachides, le manioc, le sorgho, les avocats, le poisson et le sésame.

## Hébergement

On a enfin un choix d'hôtels intéressants. Dans ce domaine, il y a quelques années, il n'y avait que deux choix sur la plage, le Doral ou le Hosteria El Morro. Le Doral est définitivement à déconseiller. Les plaintes ont été nombreuses ce dernier hiver : insectes de toutes sortes, plages malpropres, mal éclairées; plafonds défoncés, manque d'eau et air climatisé défectueux. On n'a jamais fini de rénover l'hôtel et il tombe en ruine. Il était très modéré et je trouve que les grossistes qui le classent supérieur ne le connaissent pas ou sont de mauvaise foi.
Notre premier choix en ville :
- Le Melia. Il a été agrandi et rénové. C'est un 5 étoiles, au bord de la mer, avec 220 chambres, restos, disco, belle piscine, jardins, plage, tennis. Le seul qui soit agréable en ville.

- Le Maremares. 5 étoiles, 500 chambres, suites avec salle de bains, piscine de 3 000 m$^2$, plage, transport interne, golf 9 trous (on en prévoit 18), marina pour 50 bateaux, service de spa, piscine avec lagon et vagues.

Lors de notre séjour, on offrait 4 nuits «santé» à 360 $ par personne, chambre, déjeuners, évaluation médicale, massages, traitement au loofah et facial compris. On peut réserver ou s'informer au (800) 457-2462.

- Le Christina. 4 étoiles, au centre ville, 250 chambres; suites disponibles; bar, resto, piscine.
- Pueblo Viejo, dans El Morro, est toujours agréable en famille.
- Puerto Vigia et Puerto Banus. Deux hôtels tout neufs dans le Morro. 70 et 90 appartements, deux ou trois étages autour de la piscine; une autre solution pour les familles.
- Vista Real. Au sommet du Morro de Barcelona. Belle vue, 157 chambres, vue sur la mer, balcon, piscine. Excellent rapport qualité-prix.
- Punta Palma. Notre recommandation en formule club, offert au Québec. En bord de mer, à la limite de Lecheria et du secteur El Morro. Belle vue, belle piscine, couleurs agréables, plage petite mais belle.

### Restaurants à Puerto La Cruz - Barcelona

Pour se rendre en ville prenez le taxi de la zone hôtelière en groupe, cela ne vous coûtera pas cher, et faites-vous conduire sur la Paseo Colon. De là, tout se fait à pied.

- *El Tejas* : Sur la Paseo Colon, dans un sous-sol près du Crazy Bar. Menu pour deux, steak, salade césar, entrée, dessert, vin, 30 $. Le gérant est américain.
- *Pizzeria Reale* : 69 Paseo Colon
- *Parador* : Les fruits de mer.
- *Fuentemar* : Le numéro un des fruits de mer.
- *Bella China* : Les mets chinois.
- *Da Luigi* : Restaurant italien, très chic. Décor superbe.
- *El Boucaniero* : Très beau, pour les steaks, les poissons et le poulet.
- *Tio Pepe* : Sans prétention, mais excellent.
- *La Nasa* : Le restaurant chic. Grand service et maître d'hôtel. Pour les grandes soirées.

- *El Dorado* : Le meilleur pour les Chateaubriands.
- *Chic Choc* : Restaurant français, je vous recommande les crêpes aux crevettes. Ouvert le soir seulement. Musique de jazz.
- *Le Margelina* : Sur la Paseo Colon, no. 109. Spécialités italiennes.
- *La Cabanita* : Piano-bar et restaurant à Puerto La Cruz.
- Dans la zone hôtelière, on trouve un petit restaurant, le *Pastry y Pizza*. Dans le menu, l'inscription est en français. On y offre deux choix de menus :

| N° 1 : | N° 2 : |
| --- | --- |
| 2 bières; | 2 bières |
| 3 assiettes de pizzas | 3 soupes |
| servies avec salades et | 2 pizzas, grandes et |
| pommes de terre | toutes garnies |
| 1 soupe aux poissons | 3 Pepsis et pain maison |
| 1 spaghetti | |
| 4 cafés et pain maison | |

Dans toutes les villes, les pâtisseries et les petits déjeuners sont excellents, d'ailleurs certains hôtels offrent le petit déjeuner dans le prix du forfait; il faut toutefois se lever tôt. Certains hôtels offrent aussi le plan «combo», 3 soupers par semaine. Vous êtes libre de les prendre quand bon vous semble; on vous donne trois coupons. Les pâtisseries sont excellentes partout. Il faut essayer les fraises et les coupes de fruits à la liqueur, on y met jusqu'à sept sortes de boissons différentes et c'est délicieux.

Durant la période des Fêtes, le Doral offre une soirée de Noël et du Jour de l'An; d'après ceux qui s'y sont rendus, cela ne vaut pas le prix.

**Cuisine locale**

Plus d'une vingtaine de restaurants servent de la cuisine locale, je vous cite ceux qui sont les mieux situés pour les touristes.
- *Danubio Azul* : Rue libertad, face à la Plaza Bolivar. Tél: 2.10.89

- *El Juncal* : 7 rue Juncal, en face du terminus.
- *Guayana* : Face à la Plaza Bolivar. Tél: 2.10.56
- *La Goleta*, au Melia. Plusieurs hôtels ont les déjeuners compris; ceux-ci sont thématiques, américains, canadiens ou européens.

**Divertissements en soirée**

Dans tous les hôtels il y a un orchestre et de la musique. Pour ceux qui désirent aller en ville, la Caribiana, la disco super-chic du Melia; la 4e Dimension sur la rue Bolivar; le Clips, super-disco pour les jeunes; le Sky Way au Centre Commercial Regina. À ne pas manquer, au Guatacrarazo, le Crazy Bar, un vrai cirque. Certains serveurs arborent des casquettes surmontées de grenouilles; les verres sont spéciaux et vous les gardez en souvenir. Ne vous croyez pas aux «Insolences d'une caméra» même si cela y ressemble; entre autres, vous y verrez la Parade de Disney World. C'est un endroit fou, fou, fou. À ne pas manquer.

**Excursions**

- Montagne Las Altas de Santa Fé : plantation de café, tour de ville.
- Marché aux puces : Très important, en face du Gaeta City.
- Le tour de ville de Puerto La Cruz nous amène dans la montagne d'où on a une très belle vue de la baie et de la ville. Les rues pour la plupart sont propres et les jeunes sont comme les nôtres; le rouli-roulant est très populaire. Les enfants aiment bien les touristes; ils espèrent des bonbons ou des pièces de monnaie.
- On vous offre une excursion baptisée «Indiana Jones». C'est une attrape-touriste. À éviter.

## Excursions organisées — Puerto La Cruz / Barcelona

- Puerto La Cruz la nuit. Un tour de 21h00 à 1h00.
- De Puerto La Cruz à Caracas en une journée. Disponible dans tous les hôtels où l'on retrouve un bureau touristique.
- Visite de deux villes, Barcelona et Puerto La Cruz, l'ancien et le moderne, avec souper local.
- Les Chutes de la Rivière Angel pour ceux qui ont le cœur solide. Cette excursion qui se fait en monomoteur est la plus chère.
- Soirée en bateau, coucher de soleil avec bar ouvert.
- Ile de Chimana pour les amateurs de plages désertes. Attention aux cactus; certains sont insectivores.
- Croisière Isla Piscina. C'est une piscine en pleine mer, un endroit où la mer est superbe, une piscine naturelle pour les amateurs de plongée. Cette croisière se fait en bateau avec bar ouvert.
- Tour de l'île de Margarita. Départ en bateau et retour en avion.
- Le Parc National Mochima – pour les amateurs de nature, une journée sur une plage sauvage.
  Les Croisières Piri vous offrent une excursion dans ce parc, sur un voilier motorisé de 20 mètres, avec deux salles de bains, de l'espace pour prendre du soleil, danser pêcher ou lire en paix. C'es la façon idéale de découvrir le parc de Mochima, 234,000 acres, 18 îles, des grottes, des dauphins, des orques, un bon déjeuner, un dîner au poisson sur une île ou sur le bateau, des jeux, de la boisson à volonté, tout cela disponible en français. On peut s'informer à son hôtel.
- Le Fun Ship de Puerto La Cruz, deux ponts, un pour le soleil, et un pour danser avec le Steel Band ou la disco. On arrête sur quatre îles, où l'on peut se baigner; on fournit masques et tubas. Sur la troisième île, on mange le buffet : poisson, salades, pain, plantain frit, et le vivaneau (red snapper) pêché dans la matinée. La dernière île se nomme la «Coco Loco». Pour ceux qui ne connaissent pas, c'est une noix de coco ouverte dans

laquelle on a mis du rhum et c'est tout. Il y a aussi la bière locale et le rhum punch.

• Un autre bateau, le Nere Maitia, vous offre une réception au champagne, de la lasagne sans viande, des bananes flambées, des glaces, du café, de l'Amaretto ou du Sambucca, le tout avec de ravissantes hôtesses. On peut aussi plonger, jouer dans une île où l'on arrête. L'excursion dure 9 heures, sur un bateau luxueux.

Il est à noter que ces croisières sont offertes par des français, ou des canadiens; il se peut qu'au moment de votre séjour ils ne soient pas là ou partis pour d'autres îles, mais ce genre d'excursions est toujours disponible ou presque. Il y a aussi des bateaux de pêche typiques. On part avec les gens du pays pour ceux qui n'ont pas le cœur trop sensible, cela coûte moins cher : 5 $ de l'heure en moyenne; toute la journée, pour 50 $. Il faut apporter votre lunch.

Informez-vous auprès du chauffeur d'autobus de votre hôtel si vous voulez faire des tours économiques, ou bien prenez un taxi. Plusieurs chauffeurs parlent français ou anglais.

Le Mélia présente des spectacles autour de la piscine et c'est gratuit.

### Le Traversier

Il est préférable d'acheter des billets. On peut attendre le traversier au restaurant du terminal.
Pour réserver : (081) 660468
Puerto La Cruz - Margarita : de 3h00 a.m. à 6h00 a.m.; de 12h00 à 15h00 et de 18h00 à 0h00
Pour louer une embarcation, réserver à la marina, au 89508 ou 89229.

### Sports à Puerto La Cruz

On peut louer des bateaux de toutes sortes, avec ou sans équipage, on peut pêcher, faire de la plongée ou de la natation. Une excursion intéressante est de louer un voilier avec un groupe et se promener de Puerto La Cruz

58

à Cumana. Les prix dépendent du voilier, du nombre de passagers et de la durée de la croisière. Informez-vous à votre hôtel ou à la marina.

On peut aussi louer des bicyclettes au Doral, ainsi que des planches de surf et des skis nautiques.

Un terrain de golf, le Puerto La Cruz Golf and Country Club, est situé au pied de la montagne, à 15 minutes de l'hôtel On le voit du Doral. Le club est ouvert aux touristes du mardi au vendredi en matinée et les jeudis, mardis et dimanches en après-midi. Les tarifs sont les suivants : pour 9 ou 18 trous, comprenant la navette de l'hôtel, le golf, le caddie et les pourboires. 40 $ can. ou 25 $ U.S. On peut louer l'équipe- ment pour 15 $ can. Pour réserver, on appelle Federico Betz au Doral, au 4131.

La compagnie Aqua Ventura offre toute la gamme des sports nautiques, dans la région d'El Morro, renseignez-vous au comptoir de votre hôtel. On a le parasail, le ski nautique, la planche à voile, le kayak, la banane (une banane pneumatique dans laquelle on embarque à 4 ou 5 et qu'on tire avec un bateau moteur), les pédalos, les pneumatiques de tous genre.

La même compagnie offre des forfaits plongée pour ceux qui ont la certification, des demi-journées et plus. Les cours sont aussi disponibles. Il y a le forfait «aventure en plongée» où l'on va dans la bouche du volcan, des canyons marins, des cavernes, des récifs de corail; on peut nager avec les poissons sur un bateau de 65 mètres.

**Téléphones et adresses utiles à Puerto La Cruz**

**Lignes aériennes**

- Aeropostal : Paseo Colon, en face du Gaeta. Tel. : (081) 69.10.48
- Avensa : Ave, Municipal. Tel. : (081) 67.13.01
- Viasa : Ave, Municipal. Tel. : (081) 66.30.11

## Autobus

Je vous cite les deux plus importantes compagnies, elles vont entre autres à Caracas et Cumana.
- Responsable de Vénézuéla : Tel. : (081) 66.63.67
- Aérobus de Vénézuéla : Tel. : (081) 66.62.75

## Taxis

Il y a souvent des taxis aux hôtels. Pour vous dépanner je vous donne le nom de 3 compagnies.
- Union Aeropuerto : Tél.: 77.66.09
- Orientur : Tél.: 66.70.20
- Télé taxis : Tél.: 77.60.23 zone 81.

## Urgence Barcelona

- Police : (160) 66.14.14
- Ambulance : 66.34.55
- Hôpital : 2.17.90.

## Correspondants locaux de nos grossistes

A Puerto La Cruz, la plupart prennent Happy Tours Conio Comercial Regina no. 11. Tél. : 66.78.26

## Téléphone publics

On trouve plus d'une cinquantaine de téléphone publics. Il y en a partout.

## Cliniques et centres médicaux

Il y en a deux. Je vous en cite un par ville. Toutes les cliniques sont bien équipées, les médecins parlent souvent français et anglais.
- Puerto La Cruz – Hôpital Cesar Rodriguez : Tél : 2.17.90
- Barcelona – Hôpital Guzman Lander : Tél : 66.95.32

**Églises**

Il y a des églises de plusieurs confessions; je vous donne les deux églises catholiques les plus importantes

- Cathédrale de Barcelona : Rue Juncal, en face la Plaza Boçaya. Messes le dimanche à 7h, 8h30 et 6h30.
- L'Église Santa Cruz : Rue Bolivar, en face de l'édifice Montilla. Messes le dimanche presque toutes les heures.

**Banques**

On trouve près d'une trentaine de banques à Puerto La Cruz. Je vous en donne une comme référence. Informez-vous à votre hôtel ou logement pour savoir où se trouve la plus proche.

- La Guairia : Avenue 5 de Julio, Édifice Guaramaguao. Tél : 69.10.16

**Cartes de crédits**

- American Express : Avenue 5 de Julio. Banque Consolidato. Tél : 66.88.06
- Diners Club: Rue Bolivar, Banque Mercantile. Tél : 69.11.26
- Master Card: Rue Cada. Tél : 69.10.16
- Visa : Avenue 5 de Julio. Tél : 66.53.14

**Maison de change (Casa de cambio)**

- Oficambio Oriente: Rue Maneiro, en face du ministère du travail. Tel.: 69.15.11
- Viajes Venezuela: Paseo Colon, près de l'hôtel Riviera. Tél.: 69.26.46

**Pharmacies**

Il y a des dizaines de pharmacies. En voici trois :

- Virgen Del Valle : Sur l'avenue 5 de Julio. Tél: 22.633
- El Puerto : Avenue 5 de Julio. Tél : 24.626
- Paseo Colon : Tél: 21.054

## L'envers de la médaille

Depuis les débuts notre équipe va au delà des plages, malheureusement depuis la première édition, comme la plupart des pays latino-américains, le Venezuela s'est appauvri; les mesures de l'ex-président, Pérez ont entraîné des révoltes parfois sanglantes. Lors de nos recherches, nous avons trouvé une femme, une Québécoise, émule de mère Térésa qui, à la suite de vacances au Vénézuéla, a décidé de s'impliquer sur place. Monique Bélanger Fréchette a passé sa vie à aider les autres au Québec et elle le fait maintenant au Vénézuéla. Suite a un séjour dans ce pays, elle a décidé d'aider à mieux répartir les richesses. Elle s'est mise à travailler avec des comités de paroisse, ramasse des vêtements et les redistribue. Elle se fait un devoir d'aller solliciter les riches et de donner aux pauvres.

Elle a concentré ses efforts sur le Barrio Lecherias et le Barrio Los Cerressos, où vivent des gens extraordinaires qu'elle admire et qui veulent s'en sortir si on leur donne quelques moyens. Les barrios sont en montagne, sur des falaises, là où personne ne veut demeurer, les services étant inexistants. Il n'y avait aucune façon sécuritaire d'y monter. On y trouvait les gens les plus pauvres de la région : des enfants abandonnés à eux- mêmes suite au décès de leurs parents – les mères meurent souvent en couches – et des enfants illégitimes, les viols étant fréquents dans ce milieu. Ces gens demeuraient dans des barriadas, des maisons de fortune où l'on s'entassait à travers les déchets et les bestioles. Elle a réussi à leur faire nettoyer leur coin en leur offrant des victuailles en échange d'un sac de vidanges, mais les victuailles coûtent de plus en plus cher. Elle achète la farine et le riz en gros dans le quartier chinois; le lait, elle le répartit en sacs Glad pour en avoir pour tous les enfants. Les prix ont doublé depuis deux ans : les nouilles sont passées de 54 bs a 104 bs.

Elle a réussi à construire trois escaliers, le plus important compte 300 marches; il a fallu 12 000 chaudières de ciment pour le construire et elles ont dû être montées à la main. Des jeunes Québécois y ont travaillé cinq heures par jour, au soleil à 38°C. En mars 1994, elle a réussi à amener deux groupes de jeunes à s'impliquer. Son rêve, c'est la Casita Social, un centre social et communautaire de trois étages, le premier pour des cours, le deuxième pour Moisson Colombe – le nom de l'organisme au Québec – et le troisième étage, des chambres, une cuisine et une clinique, pour les médecins et les infirmières volontaires qui ne peuvent loger dans les hôtels, qui coûtent de plus en plus cher.

Elle a calculé avoir besoin de 40 000 $ pour mener à bien son projet, à condition qu'il se réalise rapidement, car les prix ne cessent de monter. Le ciment que l'on payait 325 bs, coûte 480 bs au moment d'écrire ces lignes. Pour ceux qui veulent comparer, le dollar canadien vaut 78 bs.

Elle a besoin de professionnels de la construction : plombiers, menuisiers, plâtriers, peintres. Elle fait appel aux gens qui ont une conscience sociale. Ceux qui ne peuvent participera peuvent envoyer leurs dons en argent à Moisson Colombe, 98008, 95 boul. Labelle, Ste-Thérèse, (Qc) J7E 5R4. L'organisme est enregistré comme organisme de charité et les reçus sont émis pour les dons de 10 $ et plus.

Monique a passé ses deux derniers hivers sur place. Elle a ramené une des conscientisées, Felicia Salaza, qui l'aide depuis cinq ans. C'est une jeune fille de classe moyenne qui a décidé de s'impliquer pour les siens suite à une réunion de paroisse. Pour 1994-95, Monique aimerait aussi avoir un véhicule; elle prend des taxis, ce qui coûte cher, ou se fait conduire par Lucho, un Colombien qui l'aide s'il est disponible, mais la jeep de Lucho est vieille. Elle a aussi besoin de couvertures, car les nuits sont froides en montagne. Les jouets aussi sont appréciés à la période de Noël; on se chargera, avec la collaboration d'Air Transat et de Royal, d'acheminer le matériel. Pour en savoir plus, invitez Felicia et Monique dans votre milieu en appelant au 514-437-8789 ou par fax au 437-2058.

En achetant ce guide vous aidez les gens du Barrio, car une partie des droits iront au Barrio. Merci de votre collaboration.

## PIRITU ET PUERTO PIRITU

Ces deux villes du nord de l'État sont distantes de 3 kilomètres. L'architecture de Piritu nous montre bien le passé colonial. Son église de l'Immaculée Conception a été construite au 18ᵉ siècle par des missionnaires. Son autel principal est en or 18 carats. Puerto Piritu est un centre balnéaire avec quelques hôtels; ses eaux sont très calmes. On y pratique la pêche; c'est à 40 minutes des Puerto La Cruz. C'est une ville coloniale tranquille de 12,000 habitants avec des boutiques et des petits restos. On y mange assez bien, on peut y jouer au tennis, et on y retrouve 6 kilomètres de plage.

### Hébergement

• Le Canada Venezuela: Hôtel deux étoiles.

• Le Casacoima: Nouvelle administration, gérance québécoise, bel hôtel avec des appartements.

• Condo Pirutu Beach Resort: Hôtel-appartements pour les groupes.

• Olamar: Appartements-hôtel.

• Il existe aussi une auberge champêtre, La Casa Del Pariso, 8 chambres, à moins de 10 minutes de la plage. On vous y offre le gîte et le petit déjeuner; les transferts sont disponibles. Ce sont deux frères, les Paradis qui tiennent l'auberge. On peut les rejoindre à Montréal a 525-1563.

Il y a plus qu'une auberge québécoise à Puerto Piritu, mais nous sommes sans nouvelle des autres malgré nos recherches et nos demandes. Nous ne savons pas non plus si le Kanaloa, le restaurant qui était tenu par une gaspésienne, existe toujours.

# L'ILE DE MARGARITA
## DANS L'ÉTAT DE NUEVA ESPARTA

À l'époque des Indiens Gauiqueri, cette île pittoresque s'appelait "Paraguacha" à cause de l'abondance de poissons que l'on y trouvait. L'île a été découverte par Christophe Colomb, le 15 août 1498. Margarita – «Garita del mar» – signifie perle.

En 1977, Margarita avait 46 000 habitants, des routes boueuses et peu de touristes autres que les acheteurs, car Margarita est devenue zone franche en 1975. Le gouvernement voulait rapatrier l'argent des acheteurs qui se rendaient souvent à Miami faire des achats importants. Le 18 février 1983, c'est le vendredi noir, le bolivar est dévalué de 67%. On avait à l'époque quelques bolivars pour un dollar américain.

A Margarita le téléphone fonctionne bien sur l'île, mais c'est moins facile avec l'extérieur. De Montréal, la communication est bonne, mais l'inverse est difficile. On charge un minimum de 2,50 $ par appel; dans certains hôtels, on vous vend une carte pour trois appels au prix de 8,00 $.

Vous feriez mieux de réserver d'avance à Margarita, car il manque des milliers de places pour accommoder tout le monde, surtout les Vénézuéliens qui n'ont pas les moyens de se rendre ailleurs. Le journal Mira publié par un Américain résident est une bonne source de renseignements sur l'île. Il est sur Santiago Marino dans l'édifice Carcaleo.

Les bons achats sont les équipements de sports, les souliers (en cuir pour $10.), les jouets, les vêtements, les vêtements de grands couturiers, les bijoux, etc. Tout est à bon prix, il ne vous reste qu'à acheter une valise pour rapporter vos achats.

Le climat de l'île est doux et agréable. L'été, il y fait plus frais que sur le continent. Elle a une population de 300 000 habitants et sa superficie est de 850 km$^2$. Les routes sont excellentes et mènent à des plages, à des sites historiques et à des lieux légendaires. On peut y voir des couchers de soleil magnifiques. Elle se compare avantageusement à toutes les îles des Antilles, mais elle est surtout célèbre pour sa cinquantaine de plages. Située à 38 km de la terre, c'est l'île la plus importante du pays, surtout parce que depuis longtemps c'est le lieu de vacances de tous les Vénézuéliens. Tout invite à la détente : les plages, les gens et les villes. Pour toutes ces raisons elle mérite bien son nom de perle du Vénézuéla.

Au point de vue géographique, Margarita est un archipel avec un isthme de 18 kilomètres et des lagunes. L'histoire de Margarita fut marquée par des batailles sanglantes entre les Indiens pour la possession de l'île. Son littoral de 167 km offre les plus belles plages du pays. On n'y est jamais loin de la mer.

À Margarita, comme dans d'autres régions du Sud, on se doit d'être patient. Les gens de Margarita ont la mentalité des Antilles. On travaille moins vite qu'ailleurs, il y a toujours des routes et des hôtels en construction. Le fait que l'on soit sur une île peut nous isoler, c'est plus tranquille que sur le continent. Certains aiment, d'autres pas.

Un autre problème qui surgit parfois est le rationnement de l'eau, surtout pendant la haute saison. Il y a de l'eau sur l'île, mais pas assez pour tous les touristes; ainsi on en importe du continent. Il se peut cependant que le soir il n'y ait pas d'eau même dans les grands hôtels, mais c'est une situation que j'ai vécue dans plusieurs autres pays, notamment en République Dominicaine, à Cuba et en Grèce.

Le gouvernement a maintenant installé une conduite d'eau à partir de la jungle pour alimenter les villes de Cumana, Barcelona-Puerto La Cruz et Margarita. Le problème d'eau devrait donc être résolu.

Sur la plupart des plages, notamment sur la El Agua, il y a des châteaux d'eau pour les douches et c'est payant; il n'en coûte que 0,50 $ pour une bonne douche, mais là encore, on manque parfois d'eau en haute saison.

Il y a, bien sûr, la saison des pluies, qui dure de mai à septembre, mais parfois il ne pleut que la nuit.

En plus de l'île initiale, on retrouve aussi les îles de Coche et de Cubagua, ce qui porte la superficie de l'État à 1 072 km². L'île elle-même se divise en deux et, comme nous l'avons dit, porte le nom de Margarita à l'est et de Macanao à l'ouest. Les villes les plus importantes sont à l'est : Asuncion la capitale de l'État; Porlamar, la ville la plus importante, environ 100 000 habitants; Pampatar, Juan Griego et Santa Ana.

La grande île a été un peu trop exploitée par les touristes; son visage a changé depuis cinq ans. C'est le seul endroit où les touristes ont continué d'affluer au début de la décennie. Plusieurs sont du pays, mais les Canadiens, les Américains et les Européens l'ont envahie. Plusieurs en font le site de leur voyage de noces en partant de New York ou de Miami.

Les coins tranquilles et les plages désertes deviennent de plus en plus rares. On ne s'y repose plus - on y va pour magasiner et s'amuser, fréquenter le casino ou danser. Ajoutez à cela les nombreux bateaux de croisières et ces jours-là, la ville est à éviter, les magasins sont envahis. Les chauffeurs de taxis ne savent plus où donner de la tête. Les guides manquent et l'argent est facile à faire.

Margarita est devenue la mecque du tourisme au Venezuela. Pour 1994, on estime à plus d'un million le nombre de visiteurs pour des courts et des longs séjours. Pour accueillir ces gens, Canadiens, Français, Allemands, Italiens et autres, il y a plus de 150 hôtels, qui totalisent près de 100,000 chambres. Les Vénézuéliens y vont, Miami etant devenu trop cher. Les achats qui ne se font pas à Caracas se font à Margarita. Mais attention, certains marchands vendent, notamment dans les montres et les bijoux, des copies achetées à Hong Kong en paquets de mille. Il faut se méfier, car on copie tout, y compris les parfums.

## ARTISANAT ET FOLKLORE

En plus d'être un port franc, Margarita a conservé une tradition d'artisanat et de folklore étroitement liée à la pêche et à la mer. On y fabrique des paniers, des filets de pêches, des hamacs (le chinchorros, hamac local fait à la main), des sandales en tissu (alpargatas), des chapeaux de paille, de la poterie; tout est inspiré par la mer. D'ailleurs la danse locale la plus spectaculaire est le "El Carite", le roi des poissons, une série de festivités nautiques. Nous énumérons ici une série de produits artisanaux locaux et où les acheter.

- Tabac : Los Millanes;
- hamacs : La Vecindad Chinchorros, Santa Ana.
- Chapeaux de paille : San Juan Baptista;
- alpargatas : El Espinal et Boqueron Pinonanta;
- les arachides locales : San Juan;
- petits bateaux : Puerto Firmin.

Le Venezuela compte 73 îles. Margarita est la plus connue, on peut la traverser de l'est à l'ouest en une heure de voiture. On peut louer une jeep ou une bicyclette, mais un taxi pour la journée coûte moins cher et vous donne moins de problème. Pour faire la croisière entre les deux régions, on offre un bateau pour 7,00 $. À mon avis les plus belles plages sont du côté nord. Margarita compte deux sortes de plages, des aménagées et des sauvages, ainsi que des plages d'eau douce, car l'île est aussi un monde de lacs et de rivières. Je vous en citerai quelques-uns plus loin.

## LES VILLES

### Porlamar

Centre de commerce et d'échange de Margarita, c'est une ville élégante avec des magasins et les plus grands couturiers. On y importe de la charcuterie fine (Ingo), des liqueurs, des vins, des breuvages. Les restaurants servent toutes les cuisines, ce qui fait de Porlamar le rendez-vous de tous. De l'aéroport Del Caribe à Porlamar,il faut compter environ 25 km. Porlamar, c'est le tiers de la population. Si vous déambulez dans les rues 4 de Mayo et Santiago Marino, ou bien dans les avenues Igualdad ou Marina, ou encore au marché et dans la Plaza Bolivar, vous n'aurez aucune difficulté à acheter ce qui vous plaît; comme dans toutes les grandes capitales on compte des centaines de boutiques. Il y en a pour tous les goûts et à tous les prix. Il y a même un marché aux puces dans le boulevard piétonnier Guevera.

Il faut visiter le marché qui se tient entre les rues Fajardo et Marino et la Plaza Bolivar; c'est là qu'on peut marchander et rencontrer les gens du pays. Il faut voir aussi le phare et le musée de l'art contemporain de Francisco Narvaez qui compte les plus belles sculptures. Le musée est au coin de Igualdad et Diaz; il a ouvert ses portes en 1979, pour honorer le plus connu des artistes vénézuéliens, Francisco Narvaez, né à Porlamar en 1905. On y montre les œuvres de Narvaez et d'une trentaine d'artistes locaux.

C'est un peu l'Acapulco de l'île, on y va pour la vie nocturne, les bars, les boîtes, mais personnellement je préfère demeurer dans les petits hôtels et venir en ville en taxi pour les soirées. Margarita est assez sécuritaire, il n'y a jamais eu de troubles.

### Pampatar

A 9 kilomètres de Porlamar et 11 d'Asuncion, on trouve Pampatar, un village de pêcheurs où tout a été préservé. Très pittoresque. On peut prendre le bateau de Porlamar pour Pampatar. Le «Chango» part 4 fois par jour

69

du Bella Vista et du Concorde à partir de 8h45 le matin. Il faut voir à Pampatar le château San Carlos Borromeo; on a complètement restauré cette architecture militaire coloniale, on y a même tourné des films. Il abrite aussi le musée Juan Pedro Lopez qui illustre l'histoire de l'île. La maison Jaune, appelée ainsi à cause de sa couleur originale, mais qui est maintenant rose, a abrité le premier gouvernement républicain de l'île. On peut terminer la visite à la plage proche.

## La Asuncion

Capitale de l'État, fondée en 1562, c'est une petite ville de 12 000 habitants, dans la vallée de Ste-Lucie. On peut visiter la cathédrale, qui date du 16$^e$ siècle; le Capitole, qui abrite maintenant le musée Cardiz; c'est là que se réunissait le gouvernement colonial; le couvent San Francisco (St-François) qui est un monastère typique du 16$^e$ siècle, est aujourd'hui le siège du gouvernement de l'État. Tout près se trouve l'horloge de l'Équinoxe, une horloge solaire qui a 400 ans d'âge. On y trouve aussi, un peu en retrait de la ville, un vieux pont de pierre, du 17$^e$ siècle, qu'on appelle le Punete May 4, 1810 Bridge.

## Tacaragua

Petite ville artisanale. On y fabrique des hamacs, des cuatros (guitare locale) et des produits en cuir. Tout près de là se trouve le belvédère de Portachuelo, d'où l'on a une vue splendide de Juan Griego et de la côte ouest de l'île. On peut aussi y pique-niquer.

## Santa Ana

Le Jardin de Margarita, une petite ville de 4 000 habitants, où l'on trouve une église et le fort Espana qui, du haut de ses murailles, donne une vue superbe de Juan Griego et de la péninsule de Macanao.

70

## Punta de Piedras

C'est un beau petit village de pêche et le terminal du traversier. On peut y voir une station océanographique expérimentale et une école de pêche. La plage est très animée avec le va-et-vient des bateaux des pêcheurs.

## San Juan Baptiste/Juan Griego

Capitale du district de Marcanao, c'est le plus vieux village de l'île et le lieu privilégié des poètes. La baie est merveilleuse et on peut y visiter le fort «La Galère». On y fabrique tous les chapeaux de paille de l'île, ou presque.

## Coche

A quelques kilomètres au sud de Margarita se trouve sa sœur, l'île de Coche. C'est le paradis de la pêche et de la plongée; de plus, ses plages comptent parmi les plus belles au monde.

L'île de Coche constitue un monde à part; on peut y passer des semaines, mais il faut savoir y aller. Le moyen le plus simple est de prendre le traversier au terminal Punta de Piedras. Le droit de passage aller-retour est de 30 bolivars pour le véhicule et de 15 bolivars par personne. La traversée prend un peu moins d'une heure. On peut aussi y aller en avion avec Aerotaxi, à partir de Margarita. Je crois que ce pays est aussi bien organisé que le Canada en matière de liaisons aériennes. Pour prendre Aerotaxi ou s'informer des horaires, on appelle au 69.10.24. Il faut toutefois former un groupe de quatre. Le coût est d'environ 1 500 bolivars. On peut également y aller avec les vols réguliers à 8h00 et 15h00.

Une autre façon d'y aller, c'est de se rendre à la plage El Yague et de demander à un pêcheur (penero) de vous transporter dans son bateau de bois. Cela coûte environ 150 bolivars. Il faut avoir le cœur solide et éviter les jours de grands vents, car il y a beaucoup de requins, et vous risquez de jouer le rôle de figurant dans le film «Les dents de la mer».

## Hébergement à Margarita

Margarita est la région qui a pris le plus d'expansion au point de vue touristique, ce qui fait qu'on a beaucoup construit et un peu de tout. Pour vous aider à mieux vous y retrouver, nous vous détaillons un peu les installations et nous vous donnons les prix 93-94. Certains hôtels sont offerts au Québec, mais les contrats changent à chaque année, nous préférons donc ne pas les noter.

D'octobre à avril, il est plus prudent de réserver, sinon vous risquez de coucher 14 nuits dans 14 hôtels différents, et encore. Je vous conseille fortement de demeurer en banlieu de la capitale. De toute façon, les hôtels ont de nombreuses navettes et le calme est assuré.

- Le Laguna Mar : À vingt minutes de Porlamar, côté est, bord de mer. 403 chambres, 4 bars, 6 restaurants, 9 piscines, parc, 1 000 mètres de plage; salle de jeu; ski électrique avec un câble dans la lagune; tennis, jaccuzi. Un de nos préférés.

- Le Flamingo Beach : hôtel récent. On accède à la plage par un pont. Belle piscine et terrasse; à 15 minutes de la capitale.

- Le Concorde : Est fermé depuis juin 1993. En rénovation jusqu'à quand? Nul ne le sait. Certains guides le prétendent ouvert, mais ces gens manquent de sérieux.

- Le Bella Vista : Hôtel du gouvernement, il devrait être vendu. Autour de 100 $. En face du premier à vol d'oiseau, 350 chambres, service qui devrait s'améliorer quand on saura qui va l'acheter. Sculpture à l'entrée, resto agréable, deux piscines. Tél : 61-4831 ou 8264. Calle Santiago Marino.

- Margarita Beach Plaza : Condos construction 1987, près du Bella Vista. Agréable, face à la mer, petit resto, dépanneur, balcons et cuisinettes sur demande. Tél :61-4786.

- Le Porlamar : Peut être offert en formule club. Il a déjà été offert au Québec. C'est un bel hôtel qui comprend 307 chambres dans deux tours, avec sports de toutes sortes. Calle 5. Tél : 61-7444

- Bahia de Plata : Une formule Club tout inclus. Vaste complexe, câble, terrasse, bars, disco, sports et animation. Toute la gamme des sports nautique disponible à peu de frais. La banane et le ski nautique à 5 $ le 20 minutes; le jet ski, 16 $ de l'heure; la plongée et les excursions en bateau sont aussi disponibles sur place, pour une journée. Le kayak et le pédalo sont disponibles sans frais.

**Hôtels pour petit budgets, mais bien**

- Evdama : près du Bella Vista. Tél : 61-0075
- Le Maria Luisa, récemment rénové, belles chambres et restos, boul. Raul Léoni, secteur Bella Vista, tél: 61-7964
- Le Monte Carlo : Standard, à dix minutes, navette disponible, avenue Jose Alain Lonzoda, 61-6911
- Le Hilton : Sur playa Moreno, calle Los Uveros. Hôtel qui porte bien son nom. Qualité et service, spectacles, bons restos, tél: 62-3333. À 4 kilomètres du centre ville, taxis et navettes en quantité.
- Le Margarita Dynasty Apart-hotel : A 5 minutes de la plage, cuisinette possible, tv par satellite, balcon, piscine et pataugeuse, en face du Hilton. Boutique et bar à la piscine. 62-5001
- Le Karibik : Au bord de la mer, dans un petit village, à 25 minutes de Porlamar. 50 chambres, jardin, piscine et plage. Bonne valeur.
- Le Karamata : À 10 minutes de Porlamar, 250 mètres de la mer; des suites, minibar, bar-cafétéria, piscine, terrasse.
- Le Vang, Calle fraternidad. Tél : 61-6868.
- Le Circulo Militar. Style budget à 78-210.
- Le Solaris Flamingo Beach : Hôtel tout inclus, casino complet, piscine, tennis, trois restos, prix de 75 $ la nuit. Lors de notre séjour, il était plein pour le reste de l'hiver.
- Les chalets de la Caranta : à 78-187; Calle Nuevo Cadiz, piscine, resto, petites boutiques, centre de convention. Tél: 61-1630

**Formules club.** Pampatar est la ville des formules club.

- Tout a commencé avec le Decameron, a 10 minutes de Porlamar par taxi, vers l'est.
- Le Fiesta Americana Margarita Laguna Mar : un 5 étoiles, pour les familles; belle plage, lagune, spa et santé et des activités pour les enfants.
- L'Hippocampus : Une formule club nouvelle, offert en forfait au Québec, Calle El Christo, via la Caranta. Tous les services, piscine, resto, bar, télé par satellite. Tél: 61-1575

**Villas de Pampatar**
- El Paraiso : télé et piscines, 4 étoiles, tél: 62-2922

À **Guacuco**, du coté est de l'île entre Pampatar et Juan Griego, une belle plage.

- Le Tamarindo : Hôtel et cabanas. Assez cher. Tél: 4-1727
- Guacuco Resort: 3 étoiles, sur la plage, piscine, resto, bar, sports nautique disponibles.

La région de Juan Griego est devenue le coin préféré de plusieurs de nos rédacteurs. Un de nos correspondants y habite depuis plusieurs hivers et nous y avons envoyé des groupes nombreux. Nos choix pour les longs sejours :
- La Catame, suites : votre maison avec les commodités de l'hôtel, télé, piscine. Notre correspondant, Mario Plasse, en a fait son quartier général. On y trouve un fax, tout ce qu'il faut pour préparer ses repas; on loue des motos et des bicyclettes. Il y a sur place ce qu'il faut pour faire sa lessive. Sur Los Martires. Tél: (096) 284-0343 ou par fax à 283-5722.
- Villas Castilla Mar : Idéal pour les groupes. Cuisine, télé, air conditionné; des appartements toutes grandeurs, piscines, resto, service de blanchisserie; on loue de tout. Tél : 9591802 ou FAX : 56417.
- Festival Bahia : Club tout compris, très luxueux, villas disponibles, Alatagraica. Tél : 58 (095) 56070

Pour se restaurer, il y a Da Ettore comme pizzeria, ou la Karlera et pour ce qui vous manque, Dunes.

## RESTAURANTS

Il est important de noter que la famille a encore de l'importance au Venezuela. C'est pourquoi le dimanche beaucoup de restos, de bars et de discos sont fermés. Il vaut mieux vérifier.

### À Porlamar

Les meilleurs restaurants sont dans la rue 4 de Mayo; c'est l'équivalent de notre rue Ste-Catherine. Pour s'y rendre de la plage, par l'Avenue Santiago Marino c'est à 6 ou 7 rues de la plage. Nous vous y recommandons les restaurants suivants:

### Créole
- La Case De Ruben, avenue 4 de Mayo, tél: 612053
- El Patio, avenue 4 de Mayo, Tél: 610157

### Péruvien
- El Chalan, au coin de Fermin et Malave. La famille Rosenthal vous y reçoit.

### Chinois
- Dragon Chinois, avenue 4 de Mayo, Tél: 618253

### Cuisine française et internationale.
- Playa Bella Vista, pour les crustacés, sur Raul Leoni, ouvert le soir seulement, on réserve à 61-8431.
- Le Chateaubriand au Hilton. Pas donné, pour ceux qui ont les moyens, 62-3333
- Le Paris Croissant. Sur Santiago Mariono, de 8 hres le matin à 23 hres, les crêpes bretonnes, tél: 61-3220

### Espagnol
- El Canaleté, avenue 4 de Mayo, tél: 613275
- La Pimenta del Mar, avenue 4 de Mayo, essayez-la
- Paella Valencienne, tél: 668501
- La Tapa, sur Marcano, de 9h30 à 1 hre, très sympathique, tél: 61-5217

## Français

- Notre choix : Le Bahia. Un excellent restaurant avec vue sur la mer. Spécialité paella, fruits de mer, cuisine créole et inter- nationale. Le propriétaire est Golata Fuente; il chante pour votre plaisir. Avenue Raoul Leoni, via El Morro. Tél: 614156
- L'été, avenue 4 de Mayo, tél: 616585
  International
- Jardins d'Italie, coin Marcano et 4 de Mayo, tél: 611779
- La Posada De Titti, avenue 4 de Mayo, tél: 612211.
- Il y a aussi le kiosque de Chez David, sur la plage, on s'y rend par Raul Leoni, 200 m à gauche de l'hôtel Bella Vista.

## A Juan Griego

La région a pris de l'expansion ce qui fait qu'on y retrouve plus de choix de restos.

### Steak House

- Le Steak House, sur El Puerto, de 16 hres à 23 hres. Fruits de mer.
- El Viejo Muelle: Calle El Fuerte, de 11 hres à 23 hres.
- Le Vina del Mar: Près du premier.

### Cuisine internationale

- El Carpacho: Calle Guevera, de 11 hres à 23 hres
- La Posada del Clary, français et international, sur Los Martires, via Altagracia, de 111 hres à 24 hres.

## Soirées à Margarita

Les soirées, il y en a pour tous les goûts : le canodrome, les casinos, les bars, les discos, et même les bingos; il y a trois endroits où l'on a des bingos; informez-vous. Il y a aussi le cinéma, pour ceux qui y sont en longs séjours ou pour les jours de pluie. Plusieurs restos ont aussi un patio où on peut prendre un verre. On ferme très tard, à peine avant le lever du soleil.

**Nos suggestions :**

- Le Tropicana Club : la plus belle salle de divertissement de l'île, sur 4 de Mayo, près du restaurant Da Gaspard. Renseignements au 61.34.86.
- Bars Le Brandy, calle Malave, ouvert tous les jours.
- El sitio. Un bel endroit à voir.
- El Embrujo del Caribe, bar, spectacle dans le secteur Bella Vista, restaurant typique, tél: (095) 63.83.58.

**Dans Juan Griego**

- Playa La Galera
- Nashville south, le nom vous le dit, pour les amateurs du genre, sur Santiago Marino. Fermé le dimanche.

**Discos**

- El Punto, au Margarita Plaza;
- La Grande Pyramide, calle Malave;
- Mosquito Coast sur Malavé.

On peut aussi, comme en Floride, se rendre aux courses de chiens et parier quelques bolivars. En effet, la piste de courses de chiens de Margarita est la plus moderne des pistes de courses du monde. On peut assister aux courses sur trois niveaux : le niveau plage, le niveau observation et le Cani-Club.

- Le niveau plage est gratuit, on y trouve deux cafétérias.
- Le niveau observation est aussi gratuit et vous donne une vue de la région.
- Le Cani-Club : pour 50 bolivars, vous êtes au club, où vous pouvez voir les courses directement ou sur écran. On y trouve un restaurant de première classe et le service de bar. Repas de trois services pour 150 BS. Les types de paris sont sensiblement les mêmes que pour les chevaux et le minimum des paris est de 10 bs. La piste est à 20 minutes de Porlamar, dans le complexe Isla Magica, ente Porlamar et Pampatar. Le taxi coûte 50 à 60 bolivars. C'est ouvert du jeudi au dimanche, à partir de 20 hres.

On retrouve aussi tout près le parc des enfants, ouvert du mercredi au dimanche, de 19 hres à 1 hre du matin, pour les enfants de 7 à 77 ans. Bien que les manèges ne soient pas extraordinaires, le samedi et le dimanche on peut y aller en famille, de 11 hres à 1 hre du matin. L'admission est de 440 bolivars pour adultes et 300 pour enfants.

## Les excursions

- Ile de Cubagua et Coche: $65.
- Iles Tobago ou Grenade, en avion, $200 par personne.
- Les lagunes de la Restinga : Une dizaine de dollars.
- Le tour de l'île : Les lagunes pleines de légendes sur la nature et les animaux. Portez de bons souliers; les fraises de cactus y sont excellentes et, selon certains, auraient un pouvoir aphrodisiaque. On retrouve une douzaine d'agences de tourisme sur l'île; une des plus importantes est "Ikira; ils fournissent les guides à de nombreux hôtels.
- City tour - journée : 15 $
- Tour de l'île en autocar : 30$ avec le déjeuner.
- Croisière aux îles de Coche, de Cubagua ou de Las Frailes, Los Roques, Canaima, Kavac.
- Safari d'observation à Macanao. Mon collègue Paul Simier en a fait un à l'automne dernier et a bien apprécié; la durée est de 10 heures et permet de voir les beautés sauvages de l'île : les déserts, les cactus, mais aussi de beaux oiseaux comme les perroquets et le turpial, l'oiseau jaune et noir qui est le symbole du pays. Les cactus sont beaux, certains se mangent mais il vaut mieux aviser le guide avant d'y toucher. L'excursion se rend sur une plage un peu déserte, El Saco, ou encore à La Carmela. On mange à Punta Arenas, un village de pêcheurs qu'on voit souvent en photos, des fruits de mers, évidemment, et on revient par la montagne où la végétation est abondante. Le guide Ricardo parle français et on le rejoint à C.C. Tours à Porlamar, 61-31-22. À l'autopmne 93, le forfait coûtait 75 $.

- La route des Forts : Certains de mes collaborateurs m'ont dit de l'inclure dans cette édition, pour ceux qui ne veulent pas uniquementc faire de la plage. L'excursion prend une demi-journée et ne couvre que 49 km. Elle peut se faire en louant une voiture ou en taxi. Le Fort de Santiago de la Caranta, construction de 1595, détruite autour de 1626; ce fort est à 1 kilomètre de Porlamar. À 6 kilomètres.
Deux autres forts, celui Santa Ana Fortin Espana et celui de Castillo de San Carlos de Borroméo, construction qui date de 1664, le plus important. Il gardait la ville de Pampatar; l'autre le Espana, sur la colline de Santa Ana, entre Juan Griego et La Asuncion, date du XVII$^e$ siècle.
À 10 kilomètres, il y a La Asuncion et le Castillo de Santa Rosa, construit en 1680, où on enferma le héros de l'indépendance, Luisa Caceres, qui eut un fils sur place.
On peut terminer la visite avec le monument aux patriotes de 1847, la Colonne de Matasiete sur la colline du même nom.

### Endroits touristiques

- Sanctuaire de la Vierge de la Vallée, l'endroit le plus visité. La Vierge y serait apparue.
- Les Rables, église avec Vierge en or "Pelanco"
- Colunna Matasiete, Monument aux Patriotes
- Château de San Carlos Borroméo, construit en 1662 sur la baie de Pampatar, très bien conservé.
- Château Santa Rosa, construit en 1677, à Asuncion, monument naturel.
- Las Tetas de Maria Guevara, deux collines jumelles au-dessus de la Restinga. Leur nom est dû à une certaine ressemblance avec les seins d'une femme.
- A la Restinga, il faut prendre le tunnel des amoureux, la route de l'indépendance, le Corridor des Baisers; tous ces tunnels sont naturels.

**Avions pour les excursions**

Des excursions avec ou sans guide sont possibles tous les jours pour Caracas, pour Cumana, pour Barcelona, etc. À vérifier avec les quatre compagnies locales pour les prix et les heures.

- Aeropostal: Tél.: 617064
- Avensa: Tél.: 617111
- Viasa: Tél.: 612824
- Aerotaxis: Tél.: 691024

**Sports**

Un des sports les plus populaires dans le sud est la planche à voile. Il y a à Margarita, un site unique pour le pratiquer, El Yaque. Le site a été découvert par des Québécois. Il se trouve juste à côté de l'aéroport, une baie où les vents sont exceptionnels – des mois de vents à 95% supérieurs à 20 nœuds. Le site est connu d'Américains, de Français et de Canadiens, mais ce sont les Canadiens qui l'ont découvert. On y retrouve des centaines de planches. Les sites sont français ou québécois, en hôtels ou en petits bungalows et le soir il y a de petits bars. Les distances ne sont pas grandes et en taxis collectifs ou avec la complicité de l'hôtelier on va à Porlamar.

Ceux qui sont à Margarita pour quelques semaines peuvent aussi aller faire de la planche pendant quelques heures. Nous vous donnons ici les prix du Margarita Windsurfing Club, qui appartient à plusieurs associés québécois : Pour 1 heure de planche, 15 $; 3 heures, 35 $; une journée complète, 50 $, avec planches équipées. On loue aussi les harnais à partir de 5 $ pour la journée. L'équipement est de qualité : planches Mistral, Tiga, et les voiles sont des Gaastra, Neil Price et Rushwind. Ceux qui le désirent peuvent apporter leur planche. On peut assurer votre équipement et le remiser et il peut compter pour une pièce de bagage. Les compagnies comme Air Transat et Royal ne font pas trop de problèmes pour les embarquer.

Les hôtels à El Yaque ne sont pas trop grands, et on peut souvent faire sa propre cuisine car les restaurants ne sont pas légion. Les chambres peuvent aussi comporter des petits frigos. Les prix sont très variés. On peut aussi louer des suites qui peuvent loger jusqu'à six personnes.

Le tennis est aussi très populaire. On peut s'informer au Centre Commercial Rattan sur l'avenue 4 de Mai à Sport Marie (614911) pour louer de l'équipement.

La plongée sous-marine est excellente. Margarita, Cubagua et Coche renferment un monde marin fascinant : des poissons, des formations de corail et aussi des bateaux qui ont fait naufrage. Il y a deux centres très connus, à Punta Ballena (Pampatar) et à Punta Arenas (de l'autre côté de l'île) pour rencontrer les barracudas dans leur élément. À une dizaine de kilomètres de Margarita, du côté Nord-Est, on trouve l'archipel de Las Frailes, qui comprend cinq îles; on peut y rencontrer des variétés marines très intéressantes, comme les raies et les tortues marines.

**Le bungee**

Cette aventure qui nous vient du Pacifique Sud a atteint tous les pays, la France et le Canada. Bien qu'ici sa popularité soit en baisse, au Costa Rica et au Venezuela il y a des sites superbes. On saute de ponts désaffectés. À Merida, il semble que l'on saute du téléférique et à Margarita d'une grue dans la mer.

**Les plages**

L'île n'est pas grande, cependant on y trouve des plages pour tous les goûts.

- La plage El Agua : À 27 kilomètres de Porlamar, la plus populaire. De bons restos, bars, des services et de la place. On y trouve aussi toute la gamme des sports nautiques. Le transport depuis Porlamar est aussi facile.

**Plages du nord.**

Ces plages sont très tranquilles et peu fréquentées; les services sont plutôt réduits.

- Caribe : 29 kilomètres de Porlamar; plage tranquille, sable brun, quelques services.
- Puerto Cruz : 26 kilomètres de Porlamar; 1 000 mètres de largeur; services réduits.
- Puerto Viejo : 24 kilomètres de Porlamar; belle plage.

### Plages de l'est

- Guacuco : À 14 kilomètres de Porlamar, 2 000 mètres de largeur; service de chaises; transport.
- Parquito : À 24 km de Porlamar; restos et chaises.
- El Cardon : À 18 km de Porlamar; restos; transport.
- La Restinga : plage un peu plus sauvage; à 33 km de Porlamar.

### Plages du sud

- Bella Vista, Concorde et Pampatar : plages assez achalandées; tous les services.

### Les casinos

Il y en a un au Hilton, mais il n'a pas été aussi populaire que prévu.

### Les achats

Avec l'affluence des touristes, Margarita a amélioré ses magasins. On y trouve de tout et même mieux qu'à Caracas au point de vue prix et choix : des liqueurs, des produits de cuir, des importations de nourriture fine. En plus de 4 de Mayo et Santiago Marino, il faut ajouter Zamora et Igualdad, Guevara et le Bolivar Square. Pour s'habiller, il y a des noms comme Don Regalon, Mango, La Media Naranja, Benneton, Tickets, Gatsby. Pour les bijoux, il y a Iva Mimo et Las Tres Gracias. Pour un peu de tout, on va à Isola. Bon magasinage!

### Téléphones et adresses utiles à margarita

### Urgence

- Police: Tél.: 169 ou 160
- Hôpital Luis Ortega: 612212
- Clinique Centrale de Margarita : rue Marcano. Tél.: 54072

## Banques

La plupart des banques sont sur les rues commerciales, soit sur 4 de Mayo ou Santiago Marino, je vous en nomme une pour les renseignements téléphoniques :
Banque des Caraïbes: Sur la 4 de Mayo. Tél.: 614802

## Pharmacies

### À Porlamar

Il y en a près de 25 sur les rues principales.

- La pharmacie centrale, Avenue 4 de Mayo, Édifice Rama, Tél.: 616088

### À La Asuncion

- Pharmacie San José, Rue Matasiete, Tél.: 41.991

### À Juan Griego

- Pharmacie San Antonio, sur El Sol, Édifice Marianas, Tél.: 54.430

### À Pampatar

- Pharmacie Pampatar, rue José Maria Vargas, Tél.: 78.936

## Postes

On vend des timbres dans les hôtels. Si vous avez des colis ou des envois spéciaux, vous devez vous rendre à l'un des Bureaux des postes suivants :

- Polarmar : Sur la rue Arismendi
- Pampatar : Sur la rue Joaquin Manciro
- Juan Griego : Sur la rue Aurora.

## Casinos

On en prévoit six à Margarita, un au complexe Isla Magica, un au Hilton, un au Decameron, un à Las Terrazas; la localisation des deux autres reste à déterminer.

## MARGARITA PRATIQUE

Pour les vols, nous vous recommandons Air Transat et Royal: ces compagnies ont fait leurs preuves. Il y a aussi Canada 3000 mais cette compagnie n'a pas donné suite à nos demandes et elle appartient à des intérêts anglophones qui ne s'occupent pas trop du Québec.

### Coût de la vie

Les bureaux de change sont nombreux, il faut magasiner, éviter de changer votre argent ici ou à votre hôtel. Un des facteurs du regain de popularité du Vénézuéla est le prix. Considérant le taux de change du dollar américain de 40%, cela vous revient moins cher que d'aller en Floride, et avec les formules club c'est moins cher encore.

Une bière coûte encore moins d'un dollar et les repas moins de 10 $. Dans les petits villages, on peut manger avec une bière des mets apprêtés par les familles pour environ 5 $. L'essence coûte moins cher que l'eau, mais les locations d'autos coûtent cher. Il vaut mieux réserver un taxi avec chauffeur, surtout parce qu'en cas d'accident le bénéfice du doute ne vous est pas accordé.

# CARACAS ET L'ÉTAT DE MIRANDA

Tout comme aux États-Unis, on a créé pour la capitale un district fédéral qui ne fait partie d'aucun des 20 États. La région est appelée la région de Caracas, car la capitale déborde dans tous les sens. La température moyenne est dans les 23°C durant toute l'année. Caracas est une métropole de 3 000 000 d'habitants. Sa population a doublé au cours la décennie 1950-1960. C'était une modeste cité coloniale qui est devenue une ville moderne à l'architecture impressionnante. Elle est située à 922 mètres (3 000 pieds) d'altitude. La ville fut fondée en 1567 par Diego de Lasada. Elle fut baptisée Santiago de Leon de Las Caracas, en mémoire du patron de l'Espagne et aussi d'après le nom des Indiens Caracas de la région. Cette ville est l'une des plus grandes de l'Amérique du Sud. C'est le centre commercial du pays. La Guairia, son port, est d'une très grande importance sur le plan du commerce et des croisières. De nombreuses routes ferroviaires et autoroutes y aboutissent. On y trouve toutes sortes de bateaux : des immenses pétroliers, des paquebots, de gros bateaux de pêche; c'est un des plus importants ports d'Amérique du Sud. Dans la ville et aux alentours, on trouve près d'une centaine d'hôtels, de restaurants et de cafés.

Caracas a été surnommée le Los Angeles de l'Amérique du Sud. La ville est entourée de montagnes; toutes les terres disponibles sont utilisées pour la construction de nouveaux quartiers domiciliaires. On a empiété sur les terres fertiles; les anciens champs de canne et de café sont maintenant couverts de maisons. Il n'y a plus d'agriculture à des kilomètres à la ronde.

Il y aussi les «ranchos», ceux qui vivent dans les bidonvilles à flanc de montagne, sur les terres gouvernementales. Le quart des habitants de la capitale vivent là, quelques-uns par nécessité, d'autres parce qu'ils trouvent cela commode. Ils ne payent pas de loyer ni de taxes et la ville leur fournit l'eau et les services sanitaires.

En 1950, la population de la ville était de 700 000 habitants, en 1973 elle s'élevait à 2 000 000 et aujourd'hui elle dépasse 3 000 000.

La température de Caracas est modérée, idéale pour les visites. L'aéroport se nomme Maiquetia. La ville possède un réseau de routes très moderne et un métro, l'un des plus sûrs et des plus propres au monde. Elle compte aussi de nombreuses rues piétonnes.

Comme toutes les villes modernes, elle présente plusieurs facettes. Les Caraquenos (les habitants de Caracas) ont voulu rendre leur ville agréable; celle-ci compte plus d'arbres que toutes les autres villes du continent. Pour voir la ville du haut des airs, deux options sont offertes aux touristes : le téléphérique du Mont Avila et les tours du Parc Central. L'avenue Bolivar au centre est large de 33,5 mètres; elle s'arrête au pied de la colline du Calvaire. Le terminal d'autobus peut accueillir des centaines de ces véhicules. Pour ceux qui veulent aller de Puerto La Cruz à Caracas, le trajet se fait en 727 Avensa et la durée du vol est de trente minutes.

Maiquetia est situé à l'ouest de la ville, tout de suite après le port et les villes balnéaires.

En 1994, les Caraquenos ne vivent pas mieux qu'autrefois. Les riches s'isolent avec des gardes de plus en plus nombreux, on craint les enlèvements et les attentats; les rues sont de plus en plus sales, les voitures mal entretenues. Certains ranchos sont beaux, avec tout le luxe, mais de plus en plus de gens y vivent. Depuis la parution de la dernière édition, les prix des produits de la canesta basica : pain lait, etc., ont augmenté de 300%. Il faut éviter les quartiers sombres le soir. Les jeunes en veulent aux riches.

**Hébergement**

Les hôtels sont nombreux à Caracas et toutes les catégories sont représentées. Voici notre sélection :

## 5 ÉTOILES

- Caracas Hilton :
  Situé en plein centre, en face du splendide théâtre Teresa Carreno et à proximité du complexe Bellas Artes et du Musée d'art Contemporain. 881 chambres et suites avec salle de bains, téléphone, T.V., air climatisé. Bar, restaurant, piscine et tous les services.
  Petit déjeuner 13 $; déjeuner 21 $; dîner 31 $
- Tamanaco :
  Le plus ancien palace de Caracas. Situé au sud-est de la ville, légèrement sur la hauteur. 600 chambres avec air climatisé, téléphone, T.V., salle de bains.
  Bar, restaurant, piscine, jardin et tous les services.
  Petit déjeuner 12 $; repas 19 $.
- Eurobuilding :
  Le dernier né, à proximité immédiate du précédent. 456 chambres et suites avec air climatisé, T.V., téléphone, salle de bains. Restaurants, bar, piscine et tous les services. Petit déjeuner buffet 14 $;
  déjeuner buffet 17 $; dîner buffet 21 $.
  Cet hôtel est un bon choix pour les hommes d'affaires car on y offre des suites, ce qui vous permet de rencontrer les gens facilement. C'est une nouveauté que nous vous recommandons.

## 4 ÉTOILES

- Avila :
  Hôtel plein de charme, situé au nord-ouest de la ville qu'il domine, en lisière du Parc National Avila. 113 chambres et suites avec salle de bains, téléphone, T.V., air climatisé. Piscine, tennis et restaurant. Location de voitures .
  Petit déjeuner 8 $; repas buffet 13 $.

- Paseo Las Mercedes :
  Situé dans le centre commercial du même nom.
  Moderne. 196 chambres avec salle de bains, air climatisé, téléphone, T.V. Restaurant, cafétéria, bar, piscine.
  Location de voitures.
- Lincoln Suites :
  Situé en plein cœur du célèbre quartier commercial de Sabana Grande. 128 chambres et suites avec salle de bains, téléphone, T.V., air climatisé. Bar et restaurant.

## 3 ÉTOILES

- Caracas Cumberland :
  Haut de gamme dans sa catégorie. Situé à proximité immédiate de Sabana Grande. 119 chambres et suites avec salle de bains, air climatisé, T.V., téléphone. Restaurant et bar.
  Petit déjeuner 5 $; repas 11 $.
- Atlantida :
  Situé près de la Plaza de Venezuela. 52 chambres avec salle de bains, téléphone, T.V., air climatisé. Restaurant et bar.
  Petit déjeuner 5 $; repas 11 $.
- Savoy :
  Situé à proximité immédiate de Sabana Grande et de ses centres commerciaux. 93 chambres avec salle de bains, air climatisé, téléphone, T.V. Restaurant et bar.
  Petit déjeuner 5 $; repas 11 $.
- Campo Alegre:
  Situé à Chacao. 56 chambres et suites avec salle de bains, téléphone, T.V., air climatisé. Restaurant, cafétéria et bar.

**Les restaurants**

**Italiens**
- La Campanella, dans le quartier El Rosal.
- Villa d'Este, dans Sabana Grande.
- Mamma Mia, dans Las Mercedes.
- Il Padrino, le parrain, pour faire des affaires

### Steak House

- Notre recommandation : Le Nuevo Tino. Restaurant fondé par Lee Hamilton en 1958. José Rodriguez, maître d'hôtel. Avenida San Felipe, no. 30. Urb. La Castellano. Tél: 32.52.27. C'est le steak house de Caracas, une valeur exceptionnelle qu'on ne peut pas toujours se payer à la maison.
- Don Sancheo, La Mansion, quartier El Rosal.
- Buffalo Bill, Herefard dans Las Mercedes.
- El Carrizo, le seul à faire cuire la viande rouge au goût de chacun.
- Hereford Grill, très bonnes parillas de viande.

### Cuisine créole

- El Parton, quartier El Rosal.
- Jaimes Vivas, dans Sabana Grande.
- Dona Carotica, dans Las Mercedes.

### Cuisine créole et locale

- Le Dona Arepota, belle terrasse, en plein centre.

### Français

- Le Bistrot de Jacques
- Le Coq d'Or, dans Sabana Grande. Le propriétaire vient des îles Baléares.
- Café Naïf, Jardins des Crêpes, chez Antoine, dans le quartier Las Mercedes.
- La Serre, dans Los Palos.
- La Girafe, souper en musique dans El Rosal.

### Fruits de mer

- Barbarrajo, quartier El Rosal.
- Alta Mar et Bravo Mar, dans Altamira.

### Chinois

- Gran Chine, Nuevo China, dans Las Mercedes.
- El Palmar, à la Plaza Lincoln. Spécialité: le canard.

### Japonais

- Avila Tei, quartier El Rosal.

**Coréen**

- Le Seoul, le seul restaurant coréen au pays, au 10 de la rue Cristo.

**Péruvien-Mexicain**

- El Tizon, quartier Altamira

**Espagnol**

- Rias Gallegos, Las Cacelas, El Lagar, dans le quartier Savana Grande.
- Candelaria Square est reconnu pour ses restaurants espagnols comme Arenal, Achuri, Tertulia, etc.

**Suisse**

- El Chalet, dans Sabana Grande

**Cubain**

- El Florideta, dans Sabana Grande

**Arabe**

- Kibbe Steak et Aravé, dans La Mercedes.

De plus, on y trouve aussi toutes les grandes chaînes américaines : Kentucky, MacDonald's, etc...

## EXCURSIONS À CARACAS ET AUX ENVIRONS

- Tour de ville - 1/2 journée - Minimum 8 personnes : 21 $ par personne.
- Village El Hatillo - 1/2 journée
  Situé à environ une demi-heure de la Capitale, El Hatillo est un village charmant et tranquille, dont l'architecture tradionnelle a été préservée. Les petites maisons sont modestes mais pimpantes. Église et chapelle du XVIIIème siècle. Nombreuses boutiques d'artisanat. Prix : 1 personne, 57 $; 2 ou 3 personnes 29 $ par personne; 4 à 8 personnes 21 $ par personne.
- Journée complète à la Colonia Tovar
  A 60 km de Caracas, il s'agit d'une «colonie» fondée en 1843 par un groupe de 300 émigrés bavarois, avec l'accord du gouvernement vénézuélien et l'appui du Comte de Tovar, qui leur fit don de la terre. Colonie

entièrement agricole au début, qui survécut repliée sur elle-même, elle s'adonne aujourd'hui au tourisme, consciente de l'attrait qu'il y a à déguster, sous les tropiques, une authentique choucroute dans un cadre bavarois. Pour 4 à 8 personnes 32 $ par personne.

**Excursions en avion**

- **Merida**
  Découvrez les neiges éternelles. 2 jours / 1 nuit.
  L'excursion comprend l'avion aller-retour, une nuit à l'hôtel La Pedregosa, les transferts, le tour de ville, le déjeuner américain. C'est à voir.
- **Canaima / Chutes Angel**
  Un voyage au cœur de la jungle. En avion monomoteur, si la température le permet, on peut voir les célèbres chutes, 15 fois plus hautes que les chutes du Niagara. La vue de la montagne et de la végétation qui entoure la chute est une des plus belles visions du monde. Le camp est à environ 200 kilomètres de la ville la plus proche; son seul accès est l'avion, il constitue donc un hébergement inhabituel. Les cabines sont entourées de jungle et se mêlent très bien à l'environnement. Les places sont limitées.
- **Margarita / Porlamar**
  Une journée de magasinage à Margarita. En avion.
- **Découverte de l'Amazone**
  Départs quotidiens de Caracas. 4 jours / 3 nuits.
  Jour 1 : Départ de Caracas pour Puerto Ayacucho. Arrivée et transfert à l'hôtel Amazonas. Tour de ville. Lunch et baignade au fameux toboggan de la jungle. À la fin de la journée, retour à l'hôtel pour le souper et la soirée.
  Jour 2 : Après le petit déjeuner, départ en jeep pour le camp indien sur la rivière Aurions. On prend des canots indigènes pour une randonnée sur la rivière. Lunch et baignade sur une plage magnifique de sable blanc et on continue l'excursion à travers les îles et les plages de l'Aurions. Souper sur le charbon de bois et retour à l'hôtel pour la nuit.

Jour 3 : Déjeuner et on embarque sur un bateau pour la journée. On fait des arrêts pour des photos, pour observer les oiseaux et la baignade. Retour à l'hôtel par la route. Les repas sont toujours inclus.

Jour 4 : Déjeuner et départ pour une demi-journée en jeep chez les Indiens. On mange avec eux et on vous ramène à l'aéroport pour le vol de retour sur Caracas.

On offre aussi des séjours de trois nuits à Margarita, à Puerto La Cruz, à Merida et à Maracaïbo. Les prix varient selon les hôtels et les périodes de l'année.

**Particularités de Caracas**

Pour ceux qui ne sont pas familiers avec l'espagnol, une des rues principales de Caracas s'appelle Sabana Grande; cela veut dire grande savane. C'est le nouveau quartier à l'est de la ville. Le quartier Silencio porte ce nom parce qu'il est très animé, et aussi parce qu'il a été reconstruit après une épidémie. La route qui y mène est longue de 16 kilomètres et est très moderne.

La ville est divisée en 20 secteurs, et près d'une centaine de quartiers, anciens et modernes. Certains portent des noms très connus comme Santa Monica, San Bernadino, La Florida, etc. Il y a quatre réseaux d'autoroute (autopista) : la Francisco Fajardo qui passe au centre de la ville, la Caracas-Guairia pour se rendre au port et à l'aéroport, l'autoroute Del Valle et l'autoroute Caracas-Baruta qui mène au Tamanaco et au golf Valle Ariba.

- Vieux quartier : L'Andalousie américaine avec le parc La Cabas qui vaut bien notre parc Lafontaine.
- Quartier bourgeois : Date d'un peu plus d'un siècle, au pied de la colline du Calvaire.
- A la télé on présente beaucoup de sport, de la lutte, du baseball.
- Les enfants essaient de vous vendre des cartes postales et sont prêts à vous rendre toutes sortes de services contre des bolivars. Tels ces petits garçons qui vous invitent à laisser cirer vos chaussures; ils le font très bien, de vrais professionnels.

## Culture

On trouve de tout : films, musique, galeries d'art, théâtres. Les théâtres importants : Rajatabla, Luis Peraza (site de la Compagnie Nationale), Las Palmas et plusieurs autres.

L'Orchestre Symphonique du Vénézuéla et l'Orchestre Symphonique Municipal donnent des concerts à la Salle Rios Reyna du complexe Culturel Teresa Carreno, une des réussites architecturales de la ville. Il y a aussi des concerts à l'université. Pour les jeunes, le Studio Mata de Coco. Le Théâtre Municipal abrita longtemps l'Opéra de Caracas. Il y a beaucoup de galeries d'art et de musées. Pour les musées, mentionnons celui des Transports, des Sciences Naturelles et le Musée Militaire, parmi les plus populaires. Il y a aussi des spectacles en plusieurs langues dont le français, l'italien, le russe, etc...

Ceux qui passent quelques jours à Caracas peuvent aller voir les musées, notamment un intéressant musée des transports, face au parc de l'est, par la sortie de métro du même nom. À vérifier les heures d'ouverture.

## Les soirées

On trouve plein de cafés dans la rue Sabana Grande, qui vaut bien notre rue St-Denis, et on continue dans Las Mercedes ou El Rosal pour les pianos-bars. Les plus populaires sont : Juan Sebastian, Fedora Jazz, Dog et Fox Pub, La Fonda del Parque, After Hours, Cliche, Le Parnasse, 1900 My Way.

Pour ceux qui veulent se reposer et écouter la télé, il y trois postes locaux, le 4, le 5 et le 8, et la plupart des hôtels ont la télé payante américaine, pour vous permettre de suivre vos séries américaines favorites avec CBS, NBC et tous les canaux de films et de sports. Ainsi en juillet dernier j'ai pu suivre à Caracas la partie entre les Expos et les Pirates.

La plupart des grands hôtels, ont des bars pour les soirées. À moins d'être avec des gens de la place, on peut passer une bonne soirée au Hilton, au CCT ou au

Tamanaco. Attention aux Vénézuéliennes, elles sont grandes et belles, mais assez indépendantes; d'ailleurs Caracas est la ville des «miss»; il y a toujours un concours de «Miss» quelque chose, annoncé dans les journaux locaux.

## Le cinéma

Prix : 1,50 $; c'est à moitié prix le mardi, et on présente les mêmes films qu'ici, en anglais sous-titré espagnol. Voir l'horaire dans les journaux locaux.

## Événements à Caracas

Durant l'hiver, Caracas est le site du championnat professionnel vénézuélien de baseball. La course sous harnais est aussi très populaire, la Rinconada tous les week-ends.

## Les environs de la capitale

Je vous laisse découvrir tous les charmes de cette ville. Il faut la visiter à pied ou en métro pour ceux qui en ont le temps. La banlieue offre deux sites paisibles : El Hotellio et Baruta. Pour les amateurs de marché, rendez- vous à El Junkito. Colonia Tovar est typiquement allemand, on y trouve des restaurants allemands, de l'architecture bavaroise. Le port de la Guaira est en rénovation; on s'en rend bien compte sur la promenade Macuto.

## Les parcs

Il y douze parcs et près d'une vingtaine de places publiques. Je vous décris les plus intéressants.
- Parc de l'Est : Comprend un zoo, un Planétarium, un lac artificiel avec la réplique du Santa Maria, le vaisseau de Colomb, un Odéon extérieur et toutes les facilités sportives et récréatives, sur 77 hectares de terrain.
- Parc Las Caobos : Site du Musée des Sciences Naturelles, du Musée des Beaux-Arts et de la Galerie d'Art Nationale; proche de l'Université et du Jardin Botanique.

- Le Jardin botanique : Au centre ville de Caracas, jardins tropicaux, arboretum; plantes exotiques et locales; plus d'une centaine d'arbres locaux sur une superficie de 60 hectares.
- Parc du Calvaire : Datant du siècle dernier. On monte au Calvaire par différents paliers.
- Parc El Avila : La fierté des Caraquenos, 66 000 hectares au sommet du mont; on y trouve une faune et une flore superbes. On peut rejoindre ce parc en quatre roues motrices ou par téléphérique.
- Los Chorros Park : Un des plus intéressants. Il possède la seule cascade de la ville. Il est situé près du parc Avila, à l'angle de l'avenue Bocaya. On y trouve des bancs, des tables de pique-nique, des piscines, des restaurants. Les fins de semaine, des groupes de musiciens du pays viennent divertir les passants. Mais la plus grande attraction reste sa chute qui se termine dans une piscine. Le parc est ouvert du mardi au dimanche de 8h à 17h. L'entrée est de 2 bolivars pour les adultes et c'est gratuit pour les enfants.
- Le jardin zoologique El Pinar : Petit jardin faunique à Caracas. Celui de Caricuao est plus spectaculaire; c'est la version vénézuélienne des Sentiers de la nature de St-Félicien. Des animaux de toutes sortes circulent en liberté.

**Un musée à voir à Caracas – Le musée des enfants**

Depuis 1982 la ville a, pour les enfants de 7 à 77 ans, un musée qui vous permet d'expérimenter différentes choses. On vous propose 500 expériences dans 4 catégories :
- la biologie;
- les communications : on y explore les médias, le cinéma, la radio et la télé;
- l'écologie : la nature, mon préféré.
- la physique : un projet de conquête de l'espace est développé sous la supervision de la Nasa. On peut s'habiller en astronaute, vivre un vol simulé, marcher sur la lune.

Le musée est facile à trouver, près du théâtre Teresa Careno et des tours centrales.

**Les golfs**

- Caracas Country Club, Valle Ariba, Izcaragua, El Junko, Lagunito.

**Transports à Caracas**

Pour ceux qui veulent aller seuls à la découverte de Caracas, la ville est sécuritaire et vous aurez trois façons de la découvrir : le taxi – plusieurs des chauffeurs parlent anglais et sont d'excellents guides – la marche et le métro. Caracas dispose d'un métro moderne avec près de cinquante stations. Dès votre arrivée au métro, vous pourrez remarquer qu'il n'y pas de vendeur de billets; une machine distributrice vous les remettra si vous désirez faire 2 ou 3 stations. Un billet pour 2 stations coûte 0,06 $ canadien. Les stations sont bien éclairées, vastes et archi-propres. Les Montréalais auraient honte de comparer. Pour la sécurité, tout y est fait par système de caméra, et si l'envie vous prend de jeter un bout de papier par terre, vous vous entendrez interpeller et vous saurez que les papiers vont à la poubelle. (Voir carte et transports pour les détails).

**Découverte de la ville à pied**

Le tour de ville : Partons du Capitole, qui occupe deux acres entourés de jardins. Du côté sud du Capitole, on trouve le Palais des Sciences, un bâtiment d'inspiration gothique avec des jardins, ainsi que la Bibliothèque de l'État. Le Palais des Expositions raconte l'histoire du pays. La cathédrale St-François est tout proche. Au nord-est du Capitole il y a la Plaza Bolivar, facilement reconnaissable à l'immense statue de Bolivar au centre; le Palais de Justice et le Bureau de Poste y font face. N'oubliez surtout pas de vous rendre à la «Maison de l'Or». C'est un édifice de neuf étages; de nombreuses boutiques occupent chacun de ces étages Dans chacune d'elles, vous pourrez vous procurer de l'or – uniquement du 18 carats – des perles, des diamants, de l'argent pur, et diverses pierres précieuses, tout cela monté en colliers, bagues, bracelets, broches, boucles d'oreilles, montres, etc.. À l'ouest, le palais présidentiel, le lieu de naissance de Bolivar, la «Casa Natal» appartient toujours à la famille de ses beaux-parents. Elle est ouverte au public et est meublée avec les meubles de l'époque.

Pour vous recueillir, allez au palais Muroflares, Panthéon élevé à la mémoire des héros du pays, sur Urdaneta. Deux églises sont intéressantes, Santa Capilla et Santa Ana. Sur l'Avenue des Héros il y avait autrefois un circuit de formule I. Toutes les batailles du pays y sont décrites sur d'immenses monuments.

Mais cette ville est aussi dynamique que moderne. On y trouve d'innombrables centres d'achat, un Musée des Beaux-Arts, une Cité Universitaire avec un Stade Olympique. L'Avenue des Héros est également superbe avec ses fontaines et ses jardins; ce sont les Champs-Elysées de l'Amérique du Sud. On peut aussi visiter les quartiers résidentiels. La ville de Caracas a éclaté en cinquante ans; elle comptait 200 000 habitants en 1938.

Les transports sont préoccupants, les embouteillages sont nombreux, à tel point qu'on interdit aux voitures dont la plaque d'immatriculation se termine par un certain chiffre de circuler certains jours, sous peine de forte amende. Le centre-ville est dominé par les tours géantes du Centro Bolivar, ensemble de gratte-ciel, occupé par des bureaux et des commerce. Terminons la visite par le quartier des Ambassades, les quartiers chics comme le Complexe des Jardins Fleuris, et aussi, en montagne, un atelier de souffleurs de verre où l'on fabrique des pièces superbes : bibelots, plats et même encadrements de miroir ou autres. Cet atelier est situé au faîte de la montagne, car pour la création de ces pièces il faut beaucoup de chaleur et croyez-moi, il y fait une chaleur suffocante. La route qui y mène est étroite, très longue et très sinueuse et passe tout à côté des précipices. Malgré tout, il ne faut pas manquer cet atelier.

Il faut marcher dans les rues piétonnières de Sabana Grande, voir les cafés et jeter un coup d'œil sur les joueurs d'échecs. Comme dans toutes les villes, on vend aussi un peu de tout dans les rues, mais il vaut mieux acheter dans les magasins, surtout les bijoux. L'édifice La Francia est l'endroit pour les marchander.

## Architecture

On ne peut s'empêcher de mentionner l'influence de Carlos Raul Villanueva qui a construit entre autres, dans la cité universitaire, les facultés d'architecture et d'odontologie, ainsi que la bibliothèque.

Le quartier El Silencio est un autre exemple de sa conception urbaine, avec des jardins, des patios où l'homme s'intègre à son environnement naturel.

L'architecture vénézuélienne montre bien les efforts accomplis pour intégrer les arts et les hommes.

Les tours du parc central méritent tout un texte. Elles sont le symbole de la ville moderne, la Place Ville Marie des Caraquenos, 56 étages, construits entre 1970 et 1986. Dix mille personnes les occupent. Elles comprennent des condominiums, des boutiques, des bureaux, des écoles, une piscine, des musées comme celui des enfants et celui des arts contemporains. On peut aussi y consulter le bureau de tourisme. C'est à voir, difficile à manquer et la vue y est unique.

## Achats à Caracas

Comme dans les autres grandes capitales, on trouve des avenues commerciales. Le Boulevard Sabana Grande a des centaines de boutiques, de bijouteries, de restaurants et de cafés. On peut aussi magasiner dans les centres commerciaux comme : Chacaito, Ciudad Tamanaco, Paseo Las Mercedes, Plaza Los Americas. On y retrouve des super-marchés, des rôtisseries, des magasins d'ordinateurs, et tout ce dont vous pouvez rêver. Caracas compte 22 centres commerciaux et cinq marchés. On y trouve aussi deux super-centres : Sears à l'angle de Los Acacias et Bello Monte, près de l'autoroute Fajardo, et Vam sur Andrès Bello qui est un prolongement d'Urdaneta.

**Adresses et téléphones utiles**

**Santé**

A Caracas, on n'est jamais loin d'une clinique, d'un hôpital ou d'une polyclinique. Il y en a près de cinquante. Votre hôtel vous indiquera la plus proche.

**Églises**

On y trouve 20 églises catholiques et toutes les autres confessions: baptiste, évangéliste, anglicane, luthérienne, juive, grecque orthodoxe, etc.

**Ambassades**

Il y a une cinquantaine d'ambassades. Elles sont au centre-ville pour la plupart.

**Universités**

Il y a cinq universités à Caracas. Il faut voir la Cité universitaire près du jardin botanique, sur le paseo Las Lustres.

**Le port de La Guaira**

La région de La Guaira est devenue à la fois un port de croisières et le point de départ de la drogue pour le Canada. En avril, une équipe du Point en a dressé le bilan. On a ainsi reçu à Montréal 752 kilos de cocaïnes dans des ananas, ce qui, au prix du marché, vaut 158 millions de dollars. On aurait blanchi au Venezuela 20 milliards de dollars d'argent provenant de la drogue. C'est plus que le pétrole n'en rapporte en une année. Il y a aussi des gens qui franchissent la frontière pour toutes sortes de commerces. Plusieurs Colombiens très riches vivent à Caracas, se promènent en Mercedes ou en BMW et ont des villas à Margarita ou ailleurs. Par contre, les ranchos de Caracas sont devenus des coupe-gorges; on peut y compter 40 meurtres en une fin de semaine. Les riches Colombiens, eux, demeurent dans des condos qui valent entre 400 000 $ et un million.

Deux de nos rédacteurs ont eu leur premier contact avec le pays par le port et une visite de la ville. Avant la popularité de Puerto la Cruz et de Margarita, on allait à Caracas une journée, comme escale de croisière.

On peut se promener autour du port, mais en groupes, car le port abrite toutes sortes de gens. Il y a des bâtiments qui méritent d'être visités, comme la Casa Guipuzcoana, l'ancien poste de traite de la compagnie basque au XVIII$^e$ siècle. C'est aujourd'hui un Hôtel de Ville et un centre civique.

Il y a aussi le Musée Bolton, où l'on peut voir des artéfacts du XIX$^e$ siècle. Bolton était un anglais qui a fait fortune à cette époque.

**Caracas - Macuto**

Macuto est la région balnéaire de Caracas, à trente minutes de Caracas, entre les Andes et la mer; à vingt kilomètres de l'aéroport Maiquetia Elle est située en bord de mer, du côté ouest, entre la ville et son port. La plupart des gens préfèrent Macuto à Caracas, sauf pour les affaires.

**Hébergement**

- Sierra Nevada : Petit hôtel.
- Posada Del Hildalgo : Petit hôtel, genre hacienda.
- Rivier a: Petit hôtel de deux étages, très standard.
- Melia Caribe : Membre de la chaîne Melia, 5 étoiles.
- Macuto : Hôtel confortable, près de la mer.
- Paseo Las Quence Letras : bon hôtel, 80 chambres en ville, à 5 minutes de la plage.
- Sheraton : 500 chambres, 2 piscines, 2 allées de bowling, théâtre, tennis, marina, 3 restaurants, et une disco El Tarero.
- Royal Atlantic : Hôtel modeste, à quelques minutes de la plage. Piscine. Café. Restaurant.
- Fraremar : Sur la rue principale, économique. Restaurant. Théâtre.

# CUMANA

Cumana ou Cumané est la plus vieille cité en Amérique du Sud, elle date de 1515. La ville a été reconstruite, une rivière la divise en deux parties, géographiquement et économiquement. C'est une ville jeune, qui reflète bien le pays où plus de 50% de la population n'a pas 18 ans.

A une certaine époque, elle a subi la domination allemande. Elle a été fondée par Gonzalo de Ocampo en 1515. On lui donna le nom de Nouvelle Tolède, comme première ville fondée sur le *nouveau continent*. Elle fut rebâtie par Fernando de Zerpa et baptisée Cumana en 1569. La conquête du pays et la colonisation sont parties de là. Sa température durant toute l'année est de 27°C. Sa population est d'environ 200 000 habitants. Les touristes devraient aimer ses rues étroites et ses châteaux.

Pour ceux qui veulent la visiter, la meilleure façon de vous y rendre est de prendre la route qui va de Puerto La Cruz à Cumana, la nationale 9. Soyez prudents, la route est très glissante, surtout s'il vient de pleuvoir; cela est dû à la présence de pétrole le long des côtes. Cette route est une des plus belles du pays, on monte le long des hautes terres de Cumana. À plusieurs endroits, on s'arrête pour contempler le paysage, la rencontre entre la mer et la montagne est superbe.

A une trentaine de kilomètres du centre-ville de Puerto La Cruz, on rejoint la baie ombragée de Playa Colorada, qui doit son nom à la couleur rouge du sable de la plage contrastant avec le turquoise de la mer

A trente kilomètres de Cumana, la route redescend dans la plaine et on arrive au village de Mochima et au parc national du même nom. On peut y stationner sa voiture et pour 200 bolivars, prendre le bateau pour un voyage sur l'eau qui permet d'avoir le point de vue d'en bas après l'avoir vu d'en haut.

Pour 100 bolivars, on vous amène à travers le secret bien gardé de la baie de sable blanc de Playa Blanca. Si vous voulez y demeurer, on peut faire des arrangements avec le capitaine; il repassera vous chercher et n'ayez crainte, les Vénézuéliens tiennent parole.

On peut louer une voiture pour aller à Cumana, mais je vous le déconseille, car le chauffeur ne pourra pas apprécier la route. Deux solutions sont plus avantageuses : négocier avec un chauffeur de taxi, si vous êtes en groupe, ou prendre l'autobus local; il y a 25 départs par jour et le prix est de 50 bolivars. Le taxi coûte entre 100 et 120 bolivars l'heure.

Cumana est la capitale de l'État de Sucre. Je crois que c'est la plus belle région pour les plages; elle a un potentiel extraordinaire. C'est la rivière Manzanares qui arrose la région. Christophe Colomb fut le premier Blanc à voir cette région.

Cette ville a toute une histoire. Les Indiens Cumanagotos ont vu la ville naître et le nom de la tribu a été donné à la ville. Le nom de l'État vient de son personnage politique le plus important, Antonio José de Sucre qui est né à Cumana. Lors de son troisième voyage, Colomb est débarqué à Marcuro, dans la péninsule de Paria.

**Les spécialités culinaires**

La plupart des mets ont pour base les produits de la mer. Les plus populaires sont l'Olleta Cumanés (ragoût), Pebre de Morrocoy (moules), Quimbombo Costero (combinaison de fruits de mer), Huevos de Lisa (caviar de rivière), le Chorizos Riocaribenos (saucisses de porc), Escabeche Costero (poisson mariné), le Conejo Guisado Cumanés (ragoût de lapin), le Pescado Guisado (ragoût de poisson), Empanadas de Cazon (pâté de bébé requin). On y sert aussi d'excellentes soupes aux fruits de mer.

**Attractions de la ville**

• L'église de Santa Ines, le château San Antonio et la maison et musée de la culture valent le déplacement.

**Attractions touristiques de la région**

- Fort Araya ou le Château de Santiago : Cette forteresse protégeait autrefois les salines de Araya, une des activités économiques les plus importantes du temps des coloniaux. La forteresse a été érigée de 1622 à 1625, et a connu des problèmes d'approvisionnement, tout devait y être transporté.
- El Pilar : Ruines historiques dans une zone près de la mer.
- Les deux centres de bains et de thermes Blue Pond et Cristal Pond sont très populaires.
- Les plages de la région Playa Copey : Parmi les belles, il faut mentionner Guiria, Caribe, Golden, Port, Hidden, etc. Toutes ces plages sont à Rio Caribe.
- Le parc national La Péninsule de Paria avec ses 37 500 hectares devraient combler les amateurs de faune et de flore..
- Les plages de la région sont parmi les plus belles du continent. L'eau est calme et cristalline et le sable y est très fin. Les plus populaires sont : Arapito, Playa Colorada, Santa Fé, Santa Cruz et Mochima, entre Puerto La Cruz et Cumana. À Carapuno on trouve des plages magnifiques, Los Uveros, Playa de Oro, Paya Caribe, El Copey, Playa Grande, Puerto Santo, etc. Finalement on a Irapa, Guiria et Macuro sur le golf de Paria, où Colomb s'est rendu.
- Cachamaure Beach Resort: Un centre aménagé, avec des palmiers, des piscines et toutes les installations. Situé entre Mariguitar et San Antonio, via Carupano.
- De toutes les plages, on peut louer un bateau et faire des randonnées nautiques.

**Villes de la région**

- Cumanacao : Zone agricole à 55 kilomètres de Cumana.
- San Antonio del Golfo : Petit village avec les eaux thermales à Péricante et Cachamaure.
- Cariaco : Eaux thermales.

- Rio Caribe : Plage populaire Bahia Honda, la baie profonde.
- El Pilar : Eaux thermales.
- Irapa et Guiria : Pêcheries commerciales.
- Carupano : Deuxième ville de la région. Près de 100 000 habitants. Belles plages, port important. Carnaval international.

**Artisanat**

- Tout au long des routes, on peut acheter des objets en bambou ou en paille, ainsi que de magnifiques pièces en bois et en céramique. On y trouve aussi les poupées de chiffons.

**Hôtels**

**5 étoiles**

- Hôtel Sofitel Cumanagoto : Cet hôtel se trouve actuellement en rénovation complète. La réouverture devrait avoir lieu en octobre 1994. Il sera géré par le groupe français ACCOR. En bordure de mer.

**4 étoiles**

- Hôtel Los Bordones : Situé en bordure de plage à quinze minutes du centre ville. Il possède 115 chambres et suites avec salle de bains, air climatisé, T.V., téléphone. Restaurant, bar, cafétéria, discothèque, piscine et jardin, plage, boutique, location de voitures et tennis. Tél : 093 51.56.30
- Gran Hotel : Ave Universidad. Budget. Tél :51.02.18
- Minerva : Avenue Christophe Colomb. 130 chambres. Tél : 31.44.71

**Excursions**

- Visite de la ville: 4 heures, université, musée de la mer, château de San Antonio, centre d'achats, centre-ville et cathédrale.
- Mochima : (à ne pas manquer) 6 heures, les plus belles plages, parc national, tour de bateau, dîner dans le

village, bière à volonté, équipement de plongée en surface.

- Tour Kon-Tiki : 7h30. Baie de Santa Fé, plage spéciale, danse et jeux, plate-forme d'observation de la mer. B.B.Q., bières et rafraîchissements.
- Les Grottes Von Humboldt : La région de Cumana a aussi une particularité faunique si l'on peut dire. Une de nos équipes a visité les grottes Guacharo, près de Caripe, une ville où on cultive le café et les oranges. Le monument national Von Humboldt, est à visiter pour ceux qui on vu le Biodôme. Ce sont des grottes dans lesquelles vivent des chauves souris. Oon y accède via un ruisseau avec le guide, et plusieurs peuvent être visitées.

Deux hôtels sont situés à proximité de l'aéroport. Entre l'aéroport et les hôtels, il y a une sorte de musée- marché indigène. On y raconte l'histoire de la ville et de la région et on peut y acheter de l'artisanat typique : sarbacanes, tambours, poupées, arcs et flèches.

On peut également visiter des plantations de tabac et de café.

### Croisières

La côte montagneuse entre Cumana et Puerto La Cruz est d'une grande beauté. Elle est découpée de larges baies, bordée de plages ou de golfes profonds comme Mochima. À proximité des côtes une multitude d'îles offrent des mouillages exceptionnels. Coraux et poissons tropicaux sont au rendez-vous à fleur d'eau.

- Location d'un voilier de 17 mètres avec skipper pouvant accueillir 6 à 8 personnes : 1 200 $ par jour, nourriture et confection des repas comprises; 600 $ par jour, sans la nourriture. Cuisine à la charge des passagers.
- Croisière dans l'archipel des Roques, le long de la splendide côte pleines d'îles et de golfes profonds entre Cumana et Puerto La Cruz, ou pour les plus fanas entre Margarita et les Roques via Coche, Cubagua, Mochima, Isla Caracas et la Tortuga. Prix à partir de 70 $ par personne et par jour

**Restaurants**

- El Colmao : sur la rive-droite de la rivière, coin Gran Salon. Cuisine internationale.
- El Campanazo : Cuisine internationale.
- Rancho Emorris : Cuisine locale typique.
- Los Castillitos : Sur le bord de la mer, avec Los Magles. Cuisine internationale et fruits de mer.
- Laredo Gril : Rue Universidad, près de l'aéroport, cuisine espagnole et fruits de mer.
- El Mar: Avenues Buenos Aires et Mengles, fruits de mer.
- De la Marina Cumana Goto: Classique
- Le Inkaperu: Resto péruvien, cuisine épicée.
- La Trattoria: La meilleure pizza
- Le Guirimar: à 10 kilomètres à l'est de la ville, sur la route de Mariguitar, bord de la mer, plage Guirintal.
- River Haven: Cuisine végétarienne et internationale.
- Au Gran Hôtel: Restaurant qui sert de la cuisine espagnole et internationale.
- Le El Colombiano: au Mercadito, meilleur rapport qualité-prix, ambiance typique.

Il ne faut ps oublier que Cumana a été la première ville touristique sur la côte. Elle a aussi un carnaval import- ant. C'est le point de départ le plus proche pour Margarita. D'ailleurs, comme cette dernière, Cumana cultive les huîtres perlières tout en contrôlant la qualité.

Vous aurez de l'agrément à vous promener à travers ses rues étroites et la population locale qui s'élève à près de 200 000 habitants aime bien les touristes. Il ne faut pas quitter Cumana sans avoir fait l'excursion sur le Kon- Tiki ou celle du golfe de Santa Fé.

## Rio Caribe

Petit port de pêche typique. Au sud de Puerto la Cruz, les plus belles plages du pays.

- Hôtel Mar Caribe : Situé au bord de la plage où l'on peut voir les pêcheurs tirer leurs barques, débarquer leurs poissons, et les vendre. Les déchets sont jetés aux pélicans qu'il est intéressant d'observer. L'hôtel compte 49 chambres avec salle de bains, air climatisé, téléphone et T.V., restaurant, bar, piscine, jardin.

Cette région a été découverte par nos rédacteurs à l'été 88, alors que Multitours offrait Cumana en hôtel à 398 $, toute une aubaine. Un guide nous a fait découvrir Rio Caribe. Si mes souvenirs sont exacts, il y avait un hôtel qui avait été abandonné, un club privé qui avait manqué de ressources. Nous avions trouvé le site superbe, et nous n'étions pas les seuls, puisque le Club Med va ouvrir en décembre 1995, si on en juge par l'état des travaux. Corpomedina à entrepris l'aménagement du Club Med Playa Medina, un investissement de 34,4 millions US sur ce qui est, selon eux, la plus belle plage du pays. Ils veulent développer l'écotourisme dans la région. On prévoit 350 chambres, mais on sait que plusieurs vont suivre; on se souvient de Punta Cana en République où on compte près de 2 000 chambres. Pour le moment on devra utiliser l'aéroport de Cumana, mais on pourrait, si d'autres projets se réalisent, en aménager un plus près.

# SURVOL RAPIDE DU PAYS

## Les Andes, le centre et l'ouest

Des plateaux enneigés et des sommets majestueux sont les caractéristiques des Andes. Sommets couverts de neiges éternelles; on y fait du ski durant notre été, mai à novembre. Parsemés de petites villes et de villages pittoresques. On y retrouve encore une fois le mélange de l'ancien et le moderne. Ville principale : Merida. Population : 1 600 000 habitants. Superficie : environ 30 000 kilomètres carrés.

Miranda, Cojedes, Aragua, Portuguesa, Yaracuy, Lara, Falcon et Zulia sont les États de la région du centre et de l'ouest du pays. Ces États sont caractérisés par la variété de leurs paysages, qui déterminent souvent les frontières entre les États. On y trouve des États agricoles, comme Miranda, Aragua, Yaracuy et Portuguesa, des États d'élevage, comme Lara et Cojedes, des États pétroliers comme Zulia, et des États pour le tourisme et la pêche comme Falcon. Ces États occupent une superficie totale de 140 000 kilomètres carrés et ont une population de 7 millions. Ils se développent rapidement et constituent une partie importante de l'économie du pays. Les villes à visiter sont Maracay, Valencia et Maracaïbo.

Maracay est un centre agricole et militaire, situé à 115 kilomètres de Caracas, en face du lac Valencia. Bordé par les collines de Las Delicias au nord. Climat tropical. Cette ville existe surtout à cause du président Juan Vincente Gomez (1909-1935) qui fit construire Las Delicias, un domaine magnifique, avec parc et un jardin zoologique. Gomez a aussi construit le magnifique Arène de Maestranza, une réplique exacte de l'arène de corrida de Séville. Le lac, qui est magnifique, est le deuxième plus grand du Vénézuéla; avec ses 22 îles, il constitue un endroit idéal; pour se promener en bateau. Dans la ville, on peut voir les excentricités de Gomez, un hôtel pour ses invités, une piscine avec des chutes et un pont, un golf, une écurie, un cinéma et un club de nuit. Cet ensemble s'appelle maintenant l'Hôtel Maracay, sur l'avenue Las Delicias.

Il faut voir le musée aéronautique et la magnifique plage, et faire une promenade dans une forêt superbe. La plage qui s'appelle Playa Cata serait cotée comme l'une des plus belles d'Amérique du Sud.

Toujours plus haut, à l'aide du plus haut téléphérique du monde, on part de Merida pour se rende au Pic Espejo, 10 450 pieds ou 5 007 mètres. Admirez la flore unique, découvrez l'air le plus pur au monde et les neiges éternelles. Des lacs poissonneux vous y attendent. Repose-vous dans des auberges de montagne comme le Los Frailes. Explorez les villages indiens. Visitez un musée à Trujillo et ramenez des souvenirs. Parcourez Jaji, la ville où le temps semble s'être arrêté. Explorez les dunes de Coro et saluez le lac Maracaïbo et sa forêt de puits de pétrole.

Luxe et style, c'est Caracas, une des grandes capitales du monde. L'histoire y cohabite avec les gratte-ciel. On peut grimper ou parier sur son cheval favori, selon que l'on grimpe le Mont-Avila ou qu'on est à la piste de course de Riconada. Les jours et les soirées y sont pleinement remplis.

Le centre et l'ouest sont pleins de contrastes, au point de vue géographique et économique. On peut rejoindre cette région par d'excellentes routes de Caracas, et cela vaut le déplacement. Mais ce n'est qu'une facette de cet extraordinaire kaléidoscope qu'est le Vénézuéla.

**L'est**

Le rêve des vacanciers tranquilles. Une région où la température à l'année est entre 24 et 32. Relaxez-vous sur les plages de Margarita. Plongez dans les eaux limpides d'un corail des Antilles. Promenez-vous à travers des canaux, ou visitez des plantations de mangues. Explorez des forteresses et des châteaux, ou visitez des grottes. Saluez le soleil sur la plage de Juan Griego, ou un ibis qui prend son envol à la Restinga. Reposez-vous en prenant un café du pays dans les nombreuses terrasses de Puerto La Cruz. L'est du pays, c'est du soleil et de la verdure...

## Le sud – Émerveillement

Le seul mot pour qualifier les chutes Angel, la cascade la plus haute du monde ou les chutes de la Caroni, c'est : merveilleux! Explorez le Carrao en canot. Prenez une jeep et visitez la jungle. Vivez comme les explorateurs au camp Camaima, où la nature et l'homme font bon ménage. Le camp a des cabines confortable au milieu d'oiseaux et de fleurs tropicales. On y mange à l'extérieur sur les barbecues. Explorez les montagnes Tepuy, écoutez les sept chutes de La Hacha ou parcourez l'Orinoco.

Toutes ces régions sont possibles en excursions ou en longs-séjours.

## La côte et les îles

Nous terminons notre visite des 20 États par la région la plus belle pour les amateurs de plages. Il y en a dans presque tous les États, des plages. Les rivages du Vénézuéla ont 3 000 kilomètres qui ne sont qu'un long tapis de plages dans les États de Zulia, Falcon, Carabobo, Aragua, Miranda, Anzoategui, Sucre et le district fédéral. Ces régions sont un rendez-vous pour les touristes qui aiment le soleil et la mer. Je vous ai décrit les plages les plus populaires.

À part Margarita et sa région, le Vénézuéla compte 72 îles, comme Los Mojes, Los Morochos qui ne sont qu'à quelques minutes des grandes villes.

Au cours des prochaines années on verra de plus en plus de touristes dans ces régions.

# LES ANDES

Les Andes terminent dans la partie ouest du Venezuela leur long parcours sur le continent Sud-Américain. Le plus haut sommet de ce pays est le Pic Bolivar (5007 m) que l'on peut admirer de près grâce au téléphérique de Merida qui s'élève à 4765 m. (Actuellement le quatrième tronçon est fermé pour cause de modernisation).

## Attractions touristiques

- La très haute montagne (5.007 m) accessible par tous.
- Découverte des villages et des populations andines, leurs occupations et leur mode de vie.
- La flore typique du "Paramo"
- La ville universitaire de Merida, son musée archéologique, ses vertiges coloniaux, son téléphérique.
- Artisanat traditionnel et contemporain.
- Village colonial de Jaji.
- Festival del Violin de Los Andes en décembre des années paires à Tovar.

## MERIDA

Merida, capitale des Andes, est une ville intéressante en elle-même par son dynamisme, son université, qui attire un grand nombre d'étudiants venus de loin, ses vestiges coloniaux, son musée archéologique, créé et dirigé par une française. Le tourisme y est bien compris et bien organisé. C'est le moins cher du pays et de loin.

La ville de Merida, capitale de l'État du même nom, date de 1558. C'est un grand centre culturel et religieux qui s'étend sur près de 5 kilomètres sur un plateau entouré de 4 rivières. La ville compte près de 125 000 habitants et reçoit surtout des touristes locaux, mais les Américains et les Canadiens commencent maintenant à la découvrir. La ville a une ambiance jeune. On y trouve l'université des Andes fondée au début du XIX$^e$ siècle, les étudiants comptent pour le cinquième de la population totale. On y étudie de tout, mais surtout le cinéma. Une particularité de Merida est que tout ferme de midi à 14h : le temps de la sieste est scrupuleusement respecté.

On peut y aller en avion pour atterrir en pleine ville, à l'aéroport Alberto Carnevale, mais n'y allez pas les derniers jours de votre voyage, car vous risquez de manquer votre vol de retour. L'aéroport ferme souvent et donne lieu à des retards à cause du brouillard fréquent à ces altitudes. Surtout, habillez-vous chaudement. La nuit, la température frôle le point de congélation.

On y trouve maintenant quelques gratte-ciel. Mais Merida est aussi le sommet du Vénézuéla, que l'on atteint par le Pic Espejo. Le premier téléphérique part à 7h tous les jours, sauf le lundi, et le dernier à midi. On monte en quatre étapes et il vaut mieux acheter les billets d'une agence locale ou y aller en excursion, car les places sont limitées. Le dernier téléphérique redescend vers 14h. À chacune des étapes l'on trouve des services et une vue superbe. Les malades peuvent aussi y recevoir les premiers soins. Le téléphérique monte longtemps et dans le brouillard; il est à déconseiller aux cœurs sensibles ou malades. L'ascension totale prend une heure et demie avec les arrêts obligatoires. Ceux qui ne sont pas habitués aux hautes altitudes devraient profiter de ces stations pour s'asseoir et prendre le temps de respirer. Le voyage en vaut la peine. Certes, Merida n'a rien à envier aux Alpes suisses ou françaises, mais est moins commerciale.

À une heure de marche de la dernière station, Loma Redonda, on trouve des grottes avec des stalactites et des stalagmites. Il y a un club d'escalade local, on peut s'informer à l'hôtel. On peut aussi marcher sur le glacier de Timoncito. L'expédition à faire pour les Indiana Jones, cependant, est de se rendre à Los Nevados, un village à une plus haute altitude que Lhassa au Tibet.

Le village de Los Nevados est un village indien qui compte 150 habitants. On vous l'offre en excursion à dos de mulets, et le voyage dure six heures. On couche sur place dans une des deux auberges; il n'y a pas de vitres aux fenêtres mais la vue est superbe. La route est étroite et il vaut mieux ne pas avoir le vertige. Le coût total de l'expédition avec le coucher et les repas revient à moins de 50,00$

On peut passer une semaine à Merida. On y trouve des maisons typiquement espagnoles, de bons restaurants et de bons hôtels.

Merida est le point de départ de nombreuses d'excursions en téléphérique, à pied ou par voie routière. Elles peuvent durer quelques heures, la journée ou plusieurs jours. Les ascensions n'exigent pas de connaissances techniques particulières et sont à la portée de tous ceux en bonne forme physique. Le téléphérique facilite l'approche des sommets.

Beaucoup de sports de montagne sont réalisables : trekking, V.T.T., deltaplane et parapente, ainsi que du tourisme écologique.

Merida est aussi la ville des parcs. On en trouve même un avec un petit zoo, un autre dédié à Beethoven. On peut aussi y admirer les artistes qui peignent les paysages andins, et le marché vend de l'artisanat local et a son buste de Christophe Colomb. On peut y faire de bons achats, comme des ponchos pour une quinzaine de dollars.

Les villages de Jaji, à une trentaine de milles, et de Los Aleros, méritent aussi le détour.

Ceux qui séjournent longtemps dans le pays peuvent se rendre à Merida par la route, via Valera, mais c'est long et hasardeux. Le moyen de transport le plus commode est l'avion de Caracas avec Avensa et Aeropostal: Il n'y a pas de vol direct de Puerto La Cruz ou de Margarita. Le voyage en avion de Caracas dure 45 minutes.

### Hébergement

La région offre de multiples possibilités d'hébergement, de l'hôtellerie classique de catégorie supérieure à la posada plus ou moins rustique, en ville ou dans de petites bourgades et même dans le Paramo.

## 4 Étoiles

- Hôtel Park : Un des plus chers. Situé en ville, très belles chambres avec salle de bains, téléphone, T.V., restaurant, bar et discothèque.
Occupation simple : 39 $; double : 57 $;
Lit suppplémentaire : 7 $. Petit déjeuner : 5 $;
Déjeuner/dîner : 11 $.
- Hôtel La Pedregosa : Situé en lisière de la ville, avec une belle vue sur la cordillère des Andes, au milieu d'un magnifique parc avec étang. Hôtel de style colonial qui possède 60 chambres, 15 suites et 25 bungalows avec T.V. et salle de bains. 2 restaurants, 2 bars et discothèques.
Occupation simple : 41 $; double : 45 $ / 52 $;
Petit déjeuner : 5 $; Repas buffet : 11 $.

## 3 Étoiles

- Hôtel Belensate : Situé en lisière de la ville au milieu d'un beau jardin. Offre de confortables chambres, suites et bungalows avec salle de bains, téléphone et T.V. Restaurant et bar.
 Occupation simple ou double : 45 $.
- Hôtel Don Juan : Situé près du centre ville. 72 suites de 3 chambres, 2 salles de bain, salle à manger, cuisine, T.V., Restaurant et bar.
Occupation simple ou double : 40 $.

## Très récents - non classés

- Hôtel Tisure : Hôtel de style colonial, situé en plein cœur de la ville de Merida. 33 chambres avec une décoration soignée, air climatisé, T.V., salle de bains avec douche, baignoire ou jacuzzi, minibar et restaurant.
- Hôtel La Culata : Situé à 15 km de la ville de Merida, vers le Paramo du même nom. Il possède 90 chambres et suites confortables avec salle de bains, chauffage central, T.V., réfrigérateur. Restaurant et bar.
Chambre standard : 51 $; Lit supplémentaire : 11 $.

## La gastronomie à Merida

Merida est restée une ville où l'on mange bien et où les prix sont parmi les plus bas. Elle ne connaît pas encore l'inflation touristique. On peut y faire d'excellents repas accompagnés de vins chiliens à un prix très abordable. Nous vous offrons quelques suggestions :

- La Casa Vieja : (Avenida Los Proceres)
  Cuisine typique. Les fruits de mer sont excellents.
- Le Miramelindos : Un des meilleurs; hôtel Chama.
- Los Tejados de Chachopo : Typique,
  cuisine irrégulière.
- La Mamma : La pizzeria agréable et bon marché.
- La Vina : Très bonne parillas.
- La Campina : Restaurant italien.
- Alfredo : Pas cher; un des rendez-vous étudiants.

On peut aussi aller manger au refugio Mifati, un resto de montagne sur la route de Valera, à 50 km au nord.

## Pour découvrir la ville et les environs

On peut prendre un taxi ou louer une voiture; il y a une agence de voyage à l'hôtel Parc; les prix de locations sont élevés et les routes sont dangereuses. Il vaut mieux louer un taxi pour la journée et avoir l'esprit en paix.

Pour l'information sur place, on peut rejoindre l'association des guides touristiques de Merida, au 52-5080; certains parlent anglais. La plupart des hôtels vous offrent aussi des services d'excursions. Merida peut être une excellente façon de découvrir une autre facette du pays pour les résidents de longue durée.

## Excursions au départ de Merida

### Demi-journée

- Tour de ville : 12 $
- Téléphérique : 12 $
- Village colonial de Jaji (70 km) : 18 $
- Ganaderia de taureaux de combat (70 km) : 20 $

**Journée**

- Le Paramo (150 km) :
- Lac de Mucubaji et Laguna Negra
- Pico El Aguila (4100 m)
- Villages typiques d'Apartaderos et de Mucuchies. Prix déjeuner inclus : 27 $

**Plusieurs jours**

- Trekking ou ascension. Nous consulter.

**Hébergement dans l'État de Merida**

**À Apartaderos**

- Hôtel Parque Turistico : Situé à 3200 mètres d'altitude, il possède 45 chambres avec téléphone, T.V. salle de bains, chauffage. Restaurant, bar et très beau jardin. Occupation simple ou double : 40 $.
- Posada Monte Carmelo : 10 chambres doubles avec chauffage et salle de bains, une salle à manger et un petit bar. Chambre standard : 45 $; supplément pour occupation simple : 20 $.

**Dans le Paramo**

- Hostellerie Los Frailes : Située à 80 km de la ville de Merida, en plein Paramo, à 2800 mètres d'altitude. Ancien monastère. Elle possède 48 chambres confortables avec salle de bains et chauffage. Restaurant et bar. Occupation simple : 47 $; double : 59 $; Personne supplémentaire : . 28 $.
  Très belle étape; à ne pas manquer.

**À Santo Domingo**

- Hôtel Moruco : Bel hôtel, situé au milieu d'un très beau parc juste en amont de l'intéressant village de Santo Domingo. Domine toute la vallée du Rio du même nom. Il a été construit il y a une trentaine d'années en très beaux matériaux : pierre et bois. 19 chambres doubles et dans le parc 6 chalets de 2 suites pour 6 personnes en 2 chambres. Occupation simple : 30 $; double : 35 $.

**Hébergement dans la ville de San Cristobal (Estado de Tachira)**

- Hôtel El Castillo de la Fantasia : Situé sur les hauteurs de la ville, c'est un petit hôtel fort luxueux avec son sol et ses colonnes en marbre, candélabres en cristal, œuvres d'art et décoration du 19$^e$ siècle. Il possède 18 chambres et suites avec air climatisé, mini-bar, T.V. jacuzzi. Restaurant et bar. Chambre standard : 44 $.
- Hôtel Tama : Hôtel 4 étoiles, le plus important de la ville. Situé sur les hauteurs. Les chambres possèdent salle de bains, T.V., téléphone, air climatisé. L'hôtel est construit dans un grand et beau jardin avec piscine, restaurant et bar.
  Occupation simple ou double : 80 $.
- Hôtel Dynastia : Hôtel 3 étoiles, situé en plein centre ville. 70 chambres plus 35 dans l'annexe avec salle de bains, T.V., téléphone, air climatisé. Restaurant, cafétéria, bar et discothèque.
  Occupation simple ou double : 45 $.

## VALENCIA

Vieille cité coloniale, à une cinquantaine de kilomètres de Maracay. La ville date de 1555, c'est une cité typiquement espagnole, et le sanctuaire national de la bataille de Carabobo, la bataille de la libération en 1821. C'est la quatrième cité en importance du pays, un centre industriel et commercial. Beaucoup d'Américains et d'Européens demeurent dans cette ville. Il faut y voir la cathédrale du XVIII$^e$ siècle, le Capitole et la Maison Cellis. Autour de la ville, on trouve des bains de boue radio-actives, des usines d'assemblage de voitures, le safari Carabobo, une réserve faunique. Le meilleur hôtel est l'Inter- Continental, rue Juan Uslar, à Valencia.

## LOS ROQUES

Un atoll à 125 kilomètres de la côte, au milieu de la Mer des Antilles au nord de Caracas. Une petite merveille pour la croisière et la plongée, ce lagon corallien mesure

50 kilomètres de long sur 20 de large. Grande Roques est le point d'arrivée des vacanciers, la pêche y est fabuleuse et renommée, c'est aussi le lieu idéal pour les amateurs de plongée, on y retrouve en effet des catamarans qui offrent la croisière en plongée. Il y a aussi un centre de recherches sur les animaux marins, a Dos Marquises, un atoll. Les pêcheurs saisonniers habitent dans des cabanes et l'on y fait des recherches ainsi que de la protection de la faune marine notamment des tortues. L'Institut existe depuis le milieu des années 60, et nous avons eu un correspondant qui a visité le centre. On y trouve près de 300 tortues et l'on peut voir leur évolution dans des bassins.

Il faut savoir que les tortues, de quelque sorte qu'elles soient, sont des pondeuses exceptionnelles : de 600 à 800 œufs, et que certains considèrent ces œufs comme de la haute gastronomie. Les animaux et les hommes les mangent, ce qui laisse à peu près 2% de viabilité.

À l'Institut, les œufs sont mis dans des incubateurs, leur assurant environ 50% de viabilité. Après l'éclosion des œufs, les tortues sont placées en plein air dans ce que l'on pourrait comparer à des pots à fleurs remplis d'eau de mer. Par la suite on les déplace de bassin en bassin jusqu'à ce qu'elles atteignent leur maturité, puis on les relâche.

**Excursion d'une journée à Los Roques par avion**

- Maiquetia (Aéroport de Caracas) 140$
- Porlamar (Margarita) 165$
- Séjour dans d'anciennes maisons de pêcheurs aménagées (Étant Parc National, la construction d'hôtel est interdite): 3 jours / 2 nuits en pension complète en chambre double :
  - Au départ de Maiquetia: de 300$ à 500$
  - Au départ de Porlamar: de 330$ à 400$
  - Nuit supplémentaire: de 100$ à 200$
- Croisière : A partir de 140$ par jour et par personne (Minimum : 4 personnes et 7 jours)
  C'est l'idéal pour ceux qui ont le temps ou qui croient avoir tout vu.

## MORROCOY

A chacune de mes présentations de diaporama, lorsque je montre des diapositives de Morrocoy, les gens sont sceptiques. Ils croient que c'est Cancun; que ces plages de sable blanc et fin ne sont pas au Vénézuéla. Je leur explique qu'il s'agit de Morrocoy, un ensemble de plages, à 95 kilomètres de Valencia, une ville historique située entre Caracas et Maracaïbo.

Morrocoy est un parc national, près d'une ville qui se nomme Tucacas, dans l'État de Falcon où la température moyenne est de 28°C. Le parc est constitué de nombreuses lagunes; on peut y circuler en bateau. L'eau y est cristalline et certaines plages ne sont accessibles qu'à marée basse. On peut y pratiquer tous les sports nautiques. Des bateaux font la navette entre les différentes îles, et on vous prépare même le pique-nique pour le repas du midi. La plus grande plage est celle d'El Sombrero. Les plages sont sauvages et cette destination devrait devenir une des plus populaires.

Les Caraquenos on envahi Morrocoy. Tous les weekend ils arrivent en voiture avec hamacs et moustiquaires. Ils vivent en plein air sur la plage; c'est leur Old Orchard à eux. Heureusement le gouvernement en a fait un parc national et a détruit les maisons et les huttes. Le site est désormais ouvert à tous, mais la construction d'autres hôtels est interdite. C'est à voir pour les plus belles plages du continent, ou presque.

Pour celui qui veut demeurer sur place avec plus qu'un hamac, il y a le site voisin de Chichiriviche, avec le même genre d'îlots. On y trouve deux hôtels 3 étoiles que nous vous recommandons :

- Le Marrion, 110 chambres, avec tous les services et même un magasin, pour environ $50;
- La Garza, 97 chambres, avec des cabanas, salle de bains, mobilier ancien, magasin et piscine, pour le même prix.

BONNE NOUVELLE pour 1994-95, Vacances Air Transat a décidé de nous réoffrir Morrocoy et cela a plus de chances de fonctionner qu'avec SOL VAC. On vous l'offrira à partir d'un vol sur Valencia combiné avec Margarita. Le transfert se fait en 45 minutes vers une formule club animée à la jamaïcaine, le Morrocoy Reef and

Beach Club. C'est l'ancien Morrocoy Resort Inn, qui a changé de nom en changeant de gestion. Le projet de 600 chambres a été abandonné. Il y a 304 chambres, dont certaines ont été rénovées et d'autres pas, ce qui donnera deux prix, mais cela reste en catégorie supérieure.

Tous les sports sont offerts. Vous ne pouvez pas vous baigner dans la mer sur place, à cause du récif, mais une navette vous mène dans les îles et on vous apporte un lunch, pour passer vous reprendre en fin de journée. Tous les sports nautiques y sont à l'honneur. Vous avez droit à une heure par jour par sport, et la plongée est à son meilleur. Le site est aussi un endroit de choix pour les ornithologues, car on peut y voir des oiseaux dans les mangroves et les trente îlots et récifs qui sont des refuges naturels pour des oiseaux tels que les ibis, les hérons, les canards. La zone montagneuse du parc abrite aussi des animaux tels que les singes hurleurs.

Pour les repas, un restaurant italien, un de grillades brésiliennes et un casse-croute vous attendent. Les boissons alcoolisées ne sont pas comprises. Il y aura de l'animation québécoise sur place. Un site à recommander et qui, pour son lancement, devrait être à bon prix.

**Choroni**

Il y a une belle plage et une voie d'accès depuis Maracay qui traverse le parc Henri Pittier. On y trouve mer cristalline, forêt et rivières. Les maisons et l'hébergement sont de type colonial, spécialement à Cotopérix, où on trouve d'anciennes aciendas restaurées avec patios fleuris, une vue superbe sur la mer, confort rustique et table exceptionnelle. 35 chambres avec téléphone et téléviseur, restaurant. Pension complète, promenade en bateau comprise, à partir de 150 $ en occupation double. On peut aussi loger à l'hôtel Humboldt, 10 chambres, à partir de 75 $.

**Les excursions des pêcheurs du village**

Puerto Colombia : 30 $; Valle Seco : 18 $;
El Diario : 18 $; Cepe : 36 $; Chua : 30 $

Les prix sont par bateau, maximum de 10 personnes.

## MARACAIBO

Cette région a déja été offerte aux Québécois en vols nolisés, mais elle ne lest plus, à cause de son peu de popularité. Je vous la décris à l'intention de ceux qui vont y étudier ou pour les courts-séjours. Située au nord-ouest du pays sur le lac du même nom, la ville date de 1571 et donna son nom au pays car c'est là qu'Amerigo Vespucci découvrit, au fond du golfe, des huttes sur pilotis et donna à cette région le nom de Vénézuéla, ce qui veut dire, «Petite Venise».

Depuis la fin de la première guerre, on y exploite le pétrole. C'est un des plus grands centres pétrolier du monde. Le pétrole est exploité par leur Société Nationale. C'est dans cette ville que l'on trouve le plus d'investissements américains dans tout le pays. À partir de 1922, le pétrole a attiré des gens de tous les pays, mais leur arrivée a chassé les Indiens; il ne reste que le village offert aux touristes. Son port, jadis réservé aux goélettes, abrite le marché ancien.

Pour raffiner le pétrole sur place, on a installé des raffineries à Coro; cela permet aux Vénézuéliens de mieux contrôler le développement du pétrole et d'équilibrer leur commerce. Il ne faut pas oublier que le Vénézuéla est, avec les pays Arabes, à l'origine de l'O.P.E.P., créée en 1961, à la conférence de Caracas.

La ville, situé sur le côté est du lac, est la deuxième cité au pays et est la capitale de l'État de Zulia. Elle a des avenues modernes et un pont étonnant pour se rendre à la mer : le Pont Rafael Urdaneta; on le considère comme le troisième plus grand au monde avec ses 8 678 mètres de longueur et 1 740 mètres de largeur; sa partie centrale est à cinquante mètres d'altitude.

Maracaïbo est une cité remplie de contrastes : les gratte-ciel et la Colonie Espagnole y voisinent. La Basilique de Nuestra Serena de la Chiquinquira, la patronne de la cité, est entourée d'édifices modernes. Les visiteurs sont toujours impressionnés par les milliers de puits de pétrole sur le lac. La ville possède un planétarium, un musée archéologique et plusieurs galeries d'Art.

La température s'y maintient toujours autour de 28°C. La terre est aride et la végétation semi-désertique avec des cactus pour rompre la monotonie. Les cayenas et autres fleurs tropicales donnent un beau colori aux rues et aux jardins.

C'est une ville d'affaires, semblable à Toronto; on peut s'y promener le long du lac ou flâner sur les quais, mais la baignade est interdite, dangereuse à cause du pétrole. On trouve des plages superbes à vingt kilomètres.

L'aéroport s'appelle La Chimita, en l'honneur de la patronne. Il est à environ trente minutes de la ville.

On peut téléphoner directement et sans problème presque partout dans le monde.

## Sport et loisirs à Maracaïbo

Le soccer est populaire entre mars et décembre. Des combats de taureaux sont populaires, spécialement la corrida, de novembre en l'honneur de la Vierge de la Chiquinquera. On trouve un terrain de golf en ville, sur le côté est du lac.

La musique à Maracaïbo est le gaeta, que l'on joue avec des maracas faites de Potare, un tam-tam et le cuatro (guitare). On en joue surtout à Noël et pendant les fêtes. Les Vénézuéliens d'origine fêtent le 12 octobre, la fête de Colomb; on y danse la Chicha.

## Visites en ville

Il existe deux universités et un programme d'espagnol est prévu pour ceux que cela intéresse. On peut aussi assister à des combats de coqs et à des tournois de lutte. On peut aussi magasiner; le magasinage est pratiquement le sport national.

## Restaurants

Comme la ville n'est plus au programme des grossistes, je conserve la liste des restaurants pour une future édition; elle peut être consultée sur demande à nos bureaux.

La région a ses mets typiques comme le pain Pabellon, avec des fèves noires, le chiro en coco et le hojho de pescado, deux recettes incluant du lait de coco.

Les hôtels offrent tous les services possibles, agences de voyages, locations d'autos, boutiques, fleuristes, salons de coiffure, souvenirs, en plus de toutes les installations sportives, et on peut même louer des condominiums.

## Hébergement

Il y a sept hôtels internationaux dont deux connus des Québécois.

- Le Del Lago : Hôtel membre de la chaîne Interconti-nental, un hôtel de grand luxe comme le Ritz-Carlton à Montréal, faisant partie de cette chaîne que l'on retrouve sur cinq continents. Il est situé du côté ouest du lac, à dix minutes du centre-ville. La vue y est superbe.
  Il comprend 364 chambres. On y trouve des jardins, une piscine. On peut y admirer le lac et le coucher de soleil sur les derricks; spectacle fascinant.
- Le Krystoff : C'est un hôtel familial au centre-ville, c'est confortable mais le luxe en moins.

## Restaurants et bars du Del Lago

- Windows : Restaurant et bar de luxe pour les soirées, la cravate est requise.
- El Patio : Cafétéria pour tous les goûts. De 6h00 à 23h30.
- El Puedo : Pour un lunch près de la piscine ou des jardins. De 11h00 à 20h00
- El Balio : Restaurant-terrasse près de la piscine.
- Mara : Le bar le plus populaire de Maracaïbo. Ouvert tous les soirs avec orchestre.

## Pour les touristes de passage :

- Le Presidente : 11$^e$ avenue, tél.: 83123
- Le Canto Clara : rue 86A, tél.: 222224.
- El Paseo : 2$^e$ avenue, tél.: 919744.

**Adresses et numéros de téléphone utiles**

**Transport par autobus**

- Terminal: Tél.: 225031

**Culte**

On trouve des douzaines d'églises à Maracaïbo. Informez-vous à l'hôtel du lieu de culte le plus proche selon votre religion.

**Pharmacies**

On en retrouve un peu partout, je vous en cite deux pour vous dépanner :

- La Fuente : 67$^e$ rue, tél: 910803.
- Maracaïbo : Avenida El Milagro, Maracaïbo 4002. Tél.: (061) 912022.

**Transport**

Pour ceux qui le désirent, on peut s'y rendre avec Avensa, Aeropostal, au départ du Vénézuéla, ou avec Pan American, au départ des États-Unis.

**Excursions de Maracaïbo**

- Une navette vous conduit à la plage à prix modique. Visite du pont, du marché populaire «Los Pulgos», de la Basilique, du Théâtre Baralt, de la Place Bolivar, de la Maison de Morales; Santa Lucia, quartier typique, ainsi que magasins et beaux quartiers.
- Bateau sur le lac : Journée sur le lac, les îles, le fort de San Carlos.
- Magasinage : Marché des Artisans, bijouteries : le boulevard 5 de Julio (leur rue St-Hubert) et le centre commercial Costa Verde.
- Caracas : Visite de la ville avec transport aérien.
- Excursions organisées par Maraturisme au Del Lago.

- Aruba : Une des excursions les plus intéressantes
  Découvrez cette île merveilleuse, escale de croisière :
  petits villages, églises, maison typiques, jardins de
  pierres; visite de Santa Cruz, Balashi et son moulin
  d'Or du XIX$^e$ siècle. Complexe électrique, usine de
  traitement d'eau, achats.
- Sinacaima : La lagune des Indiens «Parajanas», située
  à 70 km au nord. C'est à ses maisons sur pilotis, ses
  palafitos, construites sur les eaux, que le pays doit son
  nom. La lagune n'a pas changé depuis cette époque, si
  ce n'est qu'on y trouve maintenant des panneaux publi-
  citaires de bière ou autres produits.

**Autres sites disponibles pour les Québécois**

- Intercontinental Guyana : À Punta Vista, dans le sud,
  199 chambres.
- Rio Chico : Las de Oro. Entre Caracas et Puerto La
  Cruz. Studios; bon pour les groupes.

# CHUTE ANGEL

La chute la plus haute du monde n'est pas à la portée de tous et cela comporte toujours une part de risque. Pour les amateurs de chiffres, elle est 15 fois plus haute que les chutes du Niagara. Je vous avoue que je ne suis pas plus brave qu'il faut dans les petits avions, mais je me dis que si je veux voir, c'est la seule façon. De toute façon, même en Convair cela n'est pas facile, et l'un d'eux s'est écrasé il y a trois ans. Un de nos collaborateurs venait tout juste de le prendre.

Dans les hautes-terres, les «Tepuys», au cœur de la forêt pluviale intérieure du pays, entre les bassins hydrographiques de l'Amazone et l'Orénoque, il y a un plateau de 700 kilomètres carrées, c'est l'auyantepuy, qui a inspiré l'auteur de Sherlock Holmes, Conan Doyle pour son Continent perdu.

À travers les montagnes, on voit les pleurs des dieux, comme disent les Indiens, cette chute qui descend le long de la parois, à un kilomètre plus bas, et qui fait un nuage de vapeur. Cette chute, la plus haute au monde, c'est la Chute Angel. Le nom ne vient pas des anges, mais d'un aviateur américain, Jimmy Angel, qui s'y enlisa en 1937. À sa mort, sa femme a fait disperser ses cendres au dessus de la chute, et son avion, qu'on a fini par sortir, est au musée de l'aviation de Maracay.

Aujour'hui Avensa a construit un campement et vous offre d'y séjourner pour 399 $, ce qui comprend le voyage aller-retour, un séjour de 5 jours et deux repas par jour, pour ceux qui en ont le temps, évidemment. Les autres peuvent y aller une journée, ou encore ne faire qu'un aller-retour. On loge à Canaima, un parc qui a son village réduit, car le développement de cette région est contrôlé. Le vol prend deux heures de Caracas et vous fait survoler le fleuve Orénoque et le complexe hydroélectrique de Caroni, un des plus importants au monde. Ensuite, on passe de la jungle au plateaux, les Tepuys, qui atteignent parfois une altitude de 000 mètres.

L'hôtel est en cabine de deux chambres, dans des jardins près du village indien du même nom, las Canaimas. Il ne faut pas être peureux à l'atterrissage et l'on voit parfois les couleurs de l'arc-en-ciel au-dessus de la chute. La piste n'est pas très longue, et on effectue le transport en tracteur. C'est l'endroit idéal pour relaxer. Les Indiens nous offrent différentes excursions et elles ne coûtent pas cher. On peut explorer la rivière en canot moteur ou encore en pagayant; on se baigne dans des cascades, on visite d'autres villages. On peut également se rendre à l'île des orchidées, mais le plus relaxant est de prendre une bière et de regarder vivre les Indiens.

Pour pousser plus loin l'aventure, il y a des expéditions de deux jours et plus, en canot motorisé avec nos guides. Nous en avons fait une; il n'y a rien de dangereux et tout le travail est pour les guides. Il faut aimer la nature et ne pas trop penser au danger. Le soir, après le repas cuit au charbon de bois, on finit par s'endormir dans des hamacs, sous la tente, épuisé par une journée au grand air. on mange sur le charcoal, les nuits dans des hamacs sous la tente. Je vous avoue que le hamac est ma forme de relaxation préférée. Rien ne me détend le plus que relire mes notes, de lire ou de prendre une bière dans un hamac en regardant un cours d'eau. Les nuits sont fraîches, on dort bien, et les insectes sont plutôt rares, surtout pour un Québécois habitué à camper dans les Laurentides. On peut aussi se rendre à pied aux chutes, par un sentier balisé; on n'a pas à tracer son chemin au coupe-coupe ou à la machette.

D'autres voyages d'exploration de la nature ou autres sont aussi disponibles, pour voir les serpents, les oiseaux. Malheureusement, plusieurs touristes n'ont ni l'argent ni le temps pour une telle expédition. Ils peuvent cependant voir les chutes en petit avion, cœurs sensibles s'abstenir. Pour 4 personnes, cela revient autour de 100 $, pour un peu plus d'une heure de vol. Informez-vous à votre hôtel. C'est à voir sinon il manquera une dimension à votre voyage.

## L'Orénoque

Ce fleuve, qui compte parmi les plus grands du monde, mérite bien qu'on lui accorde quelques lignes, c'est Christophe Colomb qui l'a découvert, en 1498, mais il ne vit que l'embouchure. L'Espagnol Diego de Ordas l'a remonté en 1531; il y cherchait l'Eldorado, mais sa source ne fut fut découverte qu'en 1800, par la première expédition scientifique de Humbolt et Bonplant, qui y remarqua une flore et une faune unique au monde.

Le fleuve fait partie d'un système hydrographique important. Il prend sa source dans la Sierra Parima, près de la frontière du Brésil, et coule jusqu'à Esmeralda, au nord-ouest, puis il se divise en deux. Un des affluents est le Rio Negro qui se rend à l'Amazone. Avec ses autres affluents, le débit du fleuve augmente et il continue jusqu'à Puerto Paez, où la rivière Meta le rejoint. Après avoir reçu la neige des Andes, grâce à la rivière Apure, il finit par se jeter sur la côte nord-est du pays, au sud de l'Île de la Trinité, dans un delta surprenant qui compte 26 voies navigables.

Son bassin couvre près d'un million de kilomètres carrés et la plupart du temps ses rives sont sauvages et peu visitées. Il passe par des forêts équatoriale et des plaines. Son nom lui vient des Indiens des plaines et serait une déformation du nom rivière. Au printemps, avec la neiges des Andes, il y a des inondations. L'Orénoque s'étend sur près de 2 500 kilomètres, dont 1 600 sont naviguables, jusqu'à Ciudad Bolivar, à 400 kilomètres de l'Atlantique.

### La région de l'Orénoque

La région est riche en raison du débit très important du fleuve, dont la période de crue s'étend de la mi-avril à octobre. Les Jésuites y établirent des missions qui en facilitèrent l'exploration.

On peut y voir des eaux noires, qui viennent des marécages de la jungle. Les rivières comme le Rio Negro sont très sécuritaires; il n'y a ni moustiques, ni piranhas.

Tout au long de l'Orénoque, on trouve des oiseaux multicolores, des sources médicinales et même une glissade d'eau naturelle. On y organise des expéditions archéologiques, des safaris. Les gisements de fer de la région et la construction de nouvelles routes rendront sans doute cette région plus accessible et plus touristique.

La ville de départ pour naviguer sur l'Orénoque est Puerto Ayacucho; on y retrouve la glissade de la jungle. La nature a poli un bloc de granit, créant une glissade naturelle.

Tout est possible au Venezuela...

### Le centre écologique Hato Pinero

La Société de Biologie de Montréal organise un voyage d'excursions écologiques au Centre Hato Pinero. Le voyage commence par une soirée d'information au Jardin Botanique où on présente un diaporama et on rencontre le biologiste accompagnateur. Les groupes sont limités à 16 personnes et une journée d'information sur le pays et les animaux complète la préparation.

Le centre s'étend sur 200 000 acres. Vous êtes hébergés dans une hacienda, et de là, vous faites des excursions en camions safaris et en embarcations adaptées pour les naturalistes, ainsi que des randonnées à pied.

Le centre est une ferme expérimentale, située près de Valencia au sud de Caracas. Il est placé sous la gouverne de la famille Bangler. Ce centre est reconnu par le World Life Funds. On y fait de l'ensemencement artificiel. Depuis la fin de la deuxième guerre c'est une réserve naturelle. On peut y observer 325 espèces d'oiseaux et 40 types de mammifères, des milliers de papillons et d'insectes aux couleurs différentes. Deux biologistes dirigent les expéditions et aident à l'identification.

Le trajet se fait en vol nolisé jusqu'à Barcelona. Le centre occupe une vaste hacienda avec une véranda, une bibliothèque et une salle de séjour. On peut accommoder 18 personnes à la fois pour les repas et la cuisine est excellente. Les chambres sont spacieuses et propres avec toutes les facilités. Le guide en chef est Edouardo Katanayo. On fait des excursions d'une journée, on monte les hamacs pour la sieste, les ruisseaux servent à prendre le bain. Les journées sont chaudes, mais les soirées sont fraîches. Les guides parlent espagnol et anglais. On organise aussi des excusions nocturnes, sauf les soirs de pleine lune car les animaux nous voient venir. Il y a deux ou trois soirées de diapositives qui préparent les excursions; on fraternise autour du feu. Cela s'adresse au gens en bonne santé de 19 à 76 ans.

Les vaccins requis sont ceux contre la fièvre jaune, la typhoïde, le tétanos et la malaria. L'eau minérale est fournie. Il y a maintenant plusieurs années que de telles excursions s'organisent. Pour les dates appelez votre agent ou appelez-moi.

Le centre jouit d'un micro-climat qui lui donne un flore et une faune particulières. On se promène sur les rivières et sur les bandes de terre qui longent les rivières d'où l'on peut observer des hérons, des aigrettes, des ibis, des cigognes et des caïmans. On y trouve aussi des iguanes, qui sont un mets recherché, notamment au Mexique où on a dû en limiter la chasse pour éviter leur extinction. Les lézards sont difficiles à voir, ils se confondent avec le paysage. Pour ceux qui ont peur des caïmans, sachez que celui que l'on rencontre le plus souvent est l'alligator, un animal pouvant atteindre 5 à 6 mètres et peser plusieurs centaines de kilos. Ses yeux se trouvent de chaque côté de sa tête, de sorte que si vous le regardez en face il ne vous voit pas, mais évitez de vous aventurer sur les côtés. Il peut vivre jusqu'a 150 ans. Les singes s'amusent dans les arbres et on peut en photographier des dizaines. Dans les hautes herbes, on retrouve des cerfs, des fourmiliers, des tatous, des ratons-laveurs. Les cabiais, les plus gros rongeurs au monde, qui ressemblent à des moutons sont observables le soir.

Les excursions nocturnes permettent de voir des animaux qu'on ne voit pas le jour, comme l'ocelot et le jaguar, le renard mangeur de crabes, le grand ibajau, les hiboux et le tamanoir, etc.

Dans les rivières, on retrouve les fameux piranhas. Ils laissent l'homme tranquille si la rivière est haute; il faut donc éviter les rivières à la saison sèche.

On retrouve des fourmilières de 50 mètres de longueur. Les fourmis sont comme les abeilles, elles ont une reine qui pond et elles sont des milliers dans la même région.

Sur les affluents de l'Orénoque, on rencontre des cormorans ainsi que des aigrettes à ventre blanc. Quatre des affluents de l'Orénoque se retrouvent dans cette réserve. On rencontre aussi la cigogne à tête noire et corps blanc; sa tête sert à attirer le soleil pour réchauffer les aliments avant de les donner à ses petits. On y voit aussi des oiseaux de proies comme le vautour à tête rouge. Même les arbres ressemblent parfois à des sculptures. Les fleurs tropicales comme l'hibiscus et les orchidées y pullulent. Il y a aussi un troupeau sur 20 990 acres.

Ce voyage est idéal pour les mordus de la faune sauvage et de la photographie.

### Safari de pêche au Venezuela

Plusieurs firmes, dont des firmes américaines, organisent des safaris de pêche. Je vous livre ici les impressions du journaliste québécois Daniel Leboeuf, publiée dans une revue de pêche que m'a fournie l'Office de Tourisme du Venezuela. Son arrivée à Caracas l'a impressionné, les montagnes et les banlieues lui font dire que le Venezuela a su composer avec les montagnes, car on y construit même des routes. Il se dit également heureux de la stabilité politique de ce pays et de la valeur de notre argent sur place. Pour lui, le Venezuela constitue un paradis de pêche sportive, alors que pour d'autres elle est un gagne-pain.

On peut y pratiquer plusieurs sortes de pêche : la pêche en haute mer (Billfishing), la pêche du tarpon et du snool dans les estuaires, celle du bonefish (banane de mer) dans les parcs nationaux. On peut même pêcher l'achigan dans les réservoirs et la truite arc-en-ciel dans les rivières. Bien sûr, cela implique de nombreux déplacements.

### Pêche en mer

Les premières journées de ce périple de dix jours furent consacrées à ce sport bien américain. On pêche du maquaire bleu, du maquaire blanc, du voilier, du maquereau, de la bonite et de la dorade; les heures sont remplies de sensations fortes. Le pourvoyeur s'occupe de l'équipement. On pêche au large des côtes et des appareils déterminent les bons endroits. Safari Caribe, l'organisation de notre pêcheur, est très bien équipée et son personnel est des plus compétent. On comptabilise les prises et on bat des records. On peut pêcher trois espèces différentes le même jour; on appelle cela un grand chelem.

On part du port de Caracas, la Guaira, et tout de suite la mer nous séduit par sa limpidité. Après 45 minutes, on jette les lignes. On installe des lignes à différents endroits du bateau avec des appâts artificiels ou naturels. La première journée a été décevante, il y avait trop de vent. Le lendemain s'est révélé plus intéressant. À deux bateaux, plusieurs spécimens ont été récoltés, dont des maquaires bleus, des dorades et des maquereaux.

**Le tarpon**

Un des poisons les plus recherchés par les sportifs, il est vigoureux et pas facile à attraper. Le record mondial est une bête de 130 kilos, récoltée au lac Maracaïbo en 1956. Le Rio Chico, à 140 kilomètres de Caracas, est un estuaire à tarpon. On en capture qui pèsent entre 1,5 et 40 kilos dans ses estuaires et ses lagunes. Notre journaliste a passé deux jours dans cette région et y a fait des prises intéressantes.

**Le «bonefish»**

En partant d'un aéroport militaire, on se rend dans un chapelet d'îles qui constituent un parc national. De là un guide local trouve les endroits propices. Le «bonefish» est considéré par tous les connaisseurs comme un poisson très combatif.

**Accueil**

Les Vénézuéliens sont si gentils qu'ils vous donneront du poisson si vous n'en attrapez pas vous-mêmes. C'est ce qui arriva à notre journaliste. Une famille de pêcheurs lui offrit du poisson alors qu'il n'en avait pas, offre qu'il déclina, bien sûr.

Pour les longs séjours de pêche il faut absolument faire affaires avec des pourvoyeurs. La compagnie la mieux équipée est à Miami en Floride; de là le départ quotidien de Viasa vous amène à Caracas. Le départ de Miami a lieu tôt le matin. On vous offre différents forfaits. Ceux qui ont leur propre équipement peuvent l'apporter. Pour réserver : Safari Caribe, P.O. box 1546, Fernadina Beach, Amelia Island, Floride 32034. Tel: 1-800-9-Safari ou (904) 261-6698

Profitant de la dévaluation du bolivar, Scott Swanson a créé la seule compagnie américaine qui se spécialise dans les voyages d'exploration au Venezuela. Il offre aussi des locations de voiliers, de la pêche, de la plongée, du golf et une école de ski nautique à Caracas. Pour rejoindre Scott, on écrit à Lost World Adventures, 1189 Autumn Ridge Drive, Maritetta, Georgia.
Téléphone : (404) 971-8586. Télex : 626-27-070.

# AMAZONAS

Située au sud du Venezuela, cette région est limitée à l'ouest par la frontière avec la Colombie et au sud par le Brésil.

## Intérêt touristique

- La splendeur de l'Orénoque et de ses rapides
- Présence de crocodiles, d'oiseaux, de lamentins (dauphins d'eau douce) et de très grands poissons.
- Indiens
- Forêt vierge.
- Pétroglyphes.
- Artisanat.
- Large éventail de possibilités allant de l'excursion d'une demi-journée à la mini-expédition de plusieurs jours.

Situé dans le bassin du Moyen et du Haut Orénoque, c'est une région de savanes immenses et de forêts vierges, habitée par différentes ethnies indiennes. L'Orénoque y est particulièrement ample, beau et majestueux. Les énormes roches granitiques, typiques du bouclier guyanais, ont été, au cours des millénaires, mises à nu et façonnées par l'érosion des rivières. Elles sont aujourd'hui le site privilégié d'une flore bien spécifique. Dan le lointain se profilent les Tepuyes amazoniens, vestiges de la formation Roraima.

La ville de Puerto Ayacucho, qui ne présente pas en elle-même d'intérêt touristique, exception faite de son remarquable musée indien, est le point de départ de toute excursion, expédition ou aventure organisées dans ces territoires.

On peut faire du «rafting» dans les rapides d'Atures et apercevoir au passages des «toninas« ou dauphins d'eau douce, remonter l'Orénoque et ses affluents pendant un ou plusieurs jours pour bivouaquer dans des villages indiens, survoler la région et en particulier le célèbre Cerro Autana, montagne sacrée pour les Indiens Piaroas.

La forêt amazonienne recèle un faune très sauvage que le visiteur patient ou chanceux pourra découvrir : multitude d'oiseaux tropicaux, singes, jaguars, serpents et caïmans sur les fleuves.

À plusieurs jours de navigation de Puerto Ayacucho, en remontant l'Orénoque, se trouvent les populations Yanomamis encore préservées de notre civilisation.

## Hébergement

Les possibilités les plus intéressantes sont offertes dans les campamentos, sortes de pavillons très bien aménagés; hôtels de catégorie standard et posadas très simples à Puerto Ayacucho; bivouacs avec nuits en hamacs sous abris dans les communautés indiennes, lors des expéditions de plusieurs jours.

### À Puerto Ayacucho

- Hôtel Apure : Petit hôtel récent et agréable de 17 chambres, situé en ville dans un quartier populaire. Air climatisé, téléphone, T.V. sanitaire avec douche et wc dans chaque chambres.
  Occupation simple : 29 $; double : 41 $; triple : 47 $.
- Hôtel Orinoco : Situé non loin des rives de l'Orénoque, ce petit établissement possède 13 chambres en rez-de-chaussée avec T.V., air climatisé, salle de bains avec wc et douche. Simple mais correct.
  Occupation simple : 28 $; double : 28 $; triple : 32 $.

### Dans les environs

- Campamento Calypso : Situé à 15 minutes de l'aéroport de Puerto Ayacucho et bien à l'écart de la ville, ce camp se trouve à la lisière des vastes savanes de l'Orénoque et de l'exubérante jungle Amazonienne, foisonnant de vie animale et végétale.
  Hébergement assez rustique dans de grandes cases de style indien, compartimentées en 6 cases individuelles

avec ventilateurs; sanitaires collectifs.

Randonnées et excursions au départ du camp avec guides et véhicule Calypso.

- Campamento Camturama : À une heure de vol de Caracas et 20 minutes par la route de Puerto Ayacucho, ce «Campamento» est établi sur la rive même de l'Orénoque en pleine nature.

Il offre 52 chambres modernes et confortables, réparties dans de petits bungalows, avec chacune sa salle de bains privée, air climatisé; bar, discothèque superbe construite sur un rocher, dans le style indien, restaurant buffet, salle de jeux. Excursions au départ du camp.

Prix en pension complète, par personne, excursions incluses :

|  | 3 jours / 2 nuits | 4 jours / 3 nuits |
|---|---|---|
| Occupation simple : | 200 $ | 300 $ |
| double : | 170 $ | 255 $ |
| triple : | 160 $ | 240 $ |
| Demi-journée suppl. | 25 $ | 25 $ |

(en fonction des vols choisis).

**Dans la forêt**

- Campamento Camani : Situé sur les rives du Haut Venturari, un important affluent de l'Orénoque, à 2 heures d'avions de Caracas, ce camp vous plonge au cœur même de l'Amazonie Vénézuélienne. Il est installé dans une vaste clairière au milieu de la forêt vierge habitée par les Indiens Piaroa, Maquiritare, Yanomami, aborigènes hospitaliers et cordiaux qui servent de guides aux touristes durant les randonnées et excursions.

On peut voir sur ce site d'immenses lacs, des rivières et des cascades dans un paysage monta- gneux. Faune et flore exotiques abondent aux environs de ce camp exceptionnel.

Hébergement en «Churuatas», habitations typiquement indiennes, avec moustiquaires et ventilateurs; sanitaire privé comportant douche et wc.13 «churuatas» doubles. Possibilité de lits additionnels

pour porter à 35 la capacité d'hébergement.
Restaurant, bar, piscine, promenades à cheval et excursions diverses. Nous voir pour les prix.

- Campamento El Yavi : Un vol de 2 heures depuis Caracas ou de 50 minutes depuis Puerto Ayacucho permet d'atteindre ce camp situé en plein cœur de la région Amazonas. Il est entouré par la jungle tropicale, les savanes et les Tepuyes, formations rocheuses de l'ère précambrienne.
Peut loger 27 personnes au maximum dans des cabañas doubles avec ventilateurs et salle de bains privée. Bar, salle à manger et piscine.

- Campamento Las Nieves : Situé dans la vallée «Las Nieves», dans la Sierra de la Cerbatana, à 450 km au Sud de Caracas et au Sud-Ouest de l'état de Bolivar, très près des fameuses mines de Guanamo et de la frontière de l'état Amazonas.
Entouré de 4 fleuves avec rapides et cascade. On peut se baigner et faire du canoë ou du kayak. Dans la forêt vierge vit une intéressante faune : singes, jaguars, pumas, et 300 espèces différentes d'oiseaux.
Ce campamento possède 12 chambres avec un lit double et un lit simple, ventilateurs, air climatisé et salle de bains privée; une churuata salle à manger, une churuata lieu de repos avec hamacs, une piscine.
Chambre standard, pension complète :
Haute saison - 118 $; basse saison - 95 $;
supplément pour occupation simple - 35 $
Haute saison : 15 novembre au 15 avril
Basse saison : 16 avril au 14 novembre

**Excursion**

Expédition au Cerro Autana : Magnifique excursion de 3 jours.

- 1er jour : Trajet Puerto Ayacucho-Samariapo par voie routière car l'Orénoque sur ce parcours est coupé par les rapides d'Atures et de Maypures.

  Remontée de l'Orénoque en Bongo jusqu'à l'île du Raton sur laquelle on fera une petite promenade à pied.

  A nouveau en bongo, remontée du Rio Sipapo puis de son affluent l'Autana.

  Arrêt dans une communauté indienne Piaroa pour le dîner (cuit au feu de bois) et pour la nuit en hamac sous abri (et moustiquaire).

- 2$^e$ jour : À nouveau en bongo sur le Rio Autana jusqu'au pied d'une petite colline que l'on gravira sous les frais ombrages de la forêt vierge (2h de marche).

  Arrivé au sommet on découvrira un paysage fantastique : tout proches le Cerro del Diablo et le Cerro Autana; en bas, de la forêt vierge à perte de vue découpé par le Rio Autana; au loin les Tepuyes de la Grande Savane. Spectacle inoubliable.

  Dîner et nuit en hamac sous abri dans la communauté indienne de Ceguera en aval des rapides du même nom.

- 3$^e$ jour : Retour à Puerto Ayacucho.

  Prix: 145 $ par personne pour groupe de 15 personnes et plus; 160 $ pour groupe de 5 à 14 personnes; 180 $ pour 2 à 4 personnes.

# GRANDE SAVANE

Située au sud-est du Venezuela, cette région est limitée au sud par le Brésil, à l'est par la Guyane.

**Intérêt touristique**

- Paysages grandioses des «Tepuyes»
- Chutes d'eau remarquables
- Indiens
- Artisanat
- Dépaysement complet.

Le Parc National du Canaima, le plus grand et l'un des plus extraordinaires du Venezuela, occupe une superficie de trois millions d'hectares au sud-ouest du Delta de l'Orénoque. Toute cette zone fait partie de l'ensemble géologique appelé «bouclier guyanais», qui présente des formations rocheuses très anciennes, puisqu'il apparaît qu'il s'agissait déjà d'un vieux massif il y a 400 millions d'années, quand l'Amérique du Sud et l'Afrique faisaient partie d'un unique continent: Le Gondwana.

Le paysage est dominé dans sa partie occidentale par la jungle impénétrable, typique du bouclier guyanais et à l'est par la Grande Savane. Et partout se détachent les impressionnantes formations tabulaires, hauts plateaux aux parois abruptes, verticales et polychromes, nommés «Tepuys» par les populations indiennes Pemons de cette zone.

Un des plus connus est l'Auyan-Tepuy, dont surgit le Salto Angel qui projette la chute libre de ses eaux à plus de 1 000m, ce qui en fait, à coup sûr, la chute la plus haute du monde.

**Hébergement**

Canaima est situé au bord d'une lagune, au pied des cataractes du Rio Carro. Il offre comme possibilités :

- Hôtel Bungalow Hoturvensa : Chambres d'un bon confort, ventilateurs, sanitaires avec douches et toilettes, restaurant remarquable par son emplacement et la vue sur le site, plage au bord de la lagune.
  Prix en pension complète :
  2 jours / 1 nuit 290 $ par chambre (2 personnes);
  3 jours / 2 nuits 590 $ par chambre (2 personnes);
  Personne supplémentaire 165 $ par nuit.
  Sont inclus
  - Transferts aller / retour
  - Cocktail de bienvenue
  - Logement et repas
  - Promenade en bateau sur la lagune
  - Taxe et service.
- Campamento Ucaima : Situé en amont de la lagune sur les bord du Rio Carrao, un petit campamento sympathique de quelques chambres. Possibilités d'hébergement en hamacs sous abri. Nous consulter.

**Excursion**

Expédition Grande Savane : 6 jours en 4 x 4 en Grande Savane pour admirer les Tepuyes, ces montagnes tabulaires datant de l'ancien continent Gondwana, vieux de quelques 400 millions d'années et les majestueuses chutes d'eau. Contact avec les indiens Pemones.

- 1$^e$ jour : Vol Caracas - Puerto Ordaz; départ en 4 x 4 pour Guasipati; nuit à l'hôtel Reina.
- 2$^e$ jour : Guasipati–Aponguao. Découverte des villages «ambiance western» de Las Claritas et du km 88; traversée de la forêt équatoriale; panorama spectaculaire sur toute la Grande Savane depuis le site El Mirador. Ensuite on quittera la route pour la piste pour se rendre au village d'indiens Pemones d'Apaonguao.
  Dîner et veillée autour du feu de bois.
  Nuit en hamac sous abri.

- 3$^e$ jour : Aponguao–San Francisco. Descente du Rio Aponguao en curiara (pirogue à moteur) pour découvrir la magnifique chute Chinak Meru (100 mètres); baignade et détente.
Remontée du Rio, puis 4 x 4 jusqu'a San Francisco en s'arrêtant au passage pour voir d'autres chutes : Kama-Meru, rapides de Kamoiran, Salto El Danto.
Dîner, veillée et nuit dans une churuata (case indienne).
- 4$^e$ jour : San Francisco–Paraitepuy. Piste jusqu'au village Indien de Paraitepuy (1 800m) au pied du célèbre Tepuy de Roraima. Vue inoubliable.
Dîner et veillée autour du feu. Nuit en hamac sous abri.
- 5$^e$ jour : Paraitepuy–Guasipati. Sur le chemin du retour, on s'arrêtera à El Dorado pour aller voir les chercheurs d'or après une petite navigation sur le Rio Cuyuni. Nuit à l'hôtel Reina.
- 6$^e$ jour : Guasipati–Puerto Ordas–Caracas.
Fin du trajet en 4 x 4 et vol Puerto Ordaz-Caracas.
Prix au départ de Maiquetia, 4, 8 ou 12 personnes : 940 \$. Supplément occupation simple (2 nuits) : 40 \$.


## LLANOS

C'est la grande plaine centrale du Venezuela, qui comprend les États d'Apure, de Guarico et de Cojedes.

### Intérêt touristique

- Horizons lointain
- Observation d'animaux sauvages: crocodiles, anacondas, chevreuils, singes, iguanes, tatous, cabiais, renards et d'une multitude d'échassiers: hérons, ibis rouges, marabouts...
- Safari-photo
- Pêche au piranhas
- Llaneros (cowboys) conduisant d'immenses troupeaux de bovins
- Musique LLanera (harpe, cuatro, maracas)

Les Llanos s'étendent du pied des Andes au Delta de l'Orénoque. Au nord-ouest un zone de culture, au centre un zone d'élevage extensif dans des hatos (immenses propriétés de plusieurs dizaines de milliers d'hectares) dont certains protègent la faune sauvage traditionnelle de ces plaines et permettent aux visiteurs de s'en approcher de très près sans aucun danger. Très beau ciels au couleurs pastels. La durée idéale de séjour dans cette région est de 3 jours / 2 nuits.

**Hébergement**

- Hato El Cedral : 54 000 hectares, 20 000 têtes de bétail. Situé le long du Rio Matiyure, État d'Apure.
10 chambres doubles avec douche et wc en bungalows, piscine, musique llanera le soir.
Prix par personne pour 3 jours/2 nuits, en occupation double, depuis Maquetia et retour, comprenant hébergement, pension complète, vols, transferts et excursions sur place : 350 $;
supplément pour occupation simple : 70 $;
journée supplémentaire : 120 $.
- Hato Pinero : 80 000 hectares. Situé dans l'état du Cojedes. 10 chambres, 23 personnes maximum.
Prix par personne pour 3 jours / 2 nuits en chambre double, depuis Maiquetia et retour comprenant hébergement, pension complète, transport et excursion sur place :
  - avec transport par route depuis Caracas ( 2 x 370km) minimum 4 personnes : 275 $;
  - avec transport par petit avion charter (2 x 1h de vol) minimum 4 personnes : 400 $;
  supplément pour occupation simple : 40 $;
  jour supplémentaire : 100 $.
  Pas d'enfants de moins de 12 ans.
- Doña Barbara : Situé au sud de l'état d'Apure, sur la rive nord du Rio Arauca. Pour grands groupes (21 chambres doubles avec douche et wc).
Prix par personne pour 3 jours / 2 nuits en chambre double depuis Maiquetia et retour comprenant

hébergement, pension complète, vol transferts et excursions sur place :

* 2 à 10 personnes         264 $ par personne
* 10 a 42 personnes        244 $ par personne
* Jour supplémentaire      65$
* Los Indios : 32 000 hectares, 10 000 têtes de bétail. Situé dans l'État d'Apure entre les Rios Cunaviche et Cunavichito. 10 chambres, dont 6 avec douche privée. Piscine.

## Delta Amacuro

Situé au nord-est du pays dans l'état du même nom.

### Intérêt touristique

- L'Orénoque
- La forêt vierge, sa faune, ses oiseaux
- Les Indiens Waraos

L'Orénoque se jette dans l'Océan Atlantique au Sud de l'île de Trinidad par un énorme delta de 40 000 km. Son débit moyen, de l'ordre de 15 000 m$^3$/secondes, est tel que, à 40 km en mer, on perçoit encore l'eau douce. Les Indiens Waraos, la forêt vierge et sa faune sont au rendez-vous.

### Hébergement à Tucupita

Les hôtel sont tous très «limités». Le meilleur est le Venezia, situé à 15 km, sur la seule route d'accès à la capitale de l'état. Occupation simple ou double : 25 $

### Excursion

- 3 jours / 2 nuits en bongo. Hébergement en hamac sous abri.
Prix par personne : 260 $ en pension complète.
Comprend le vol aller-retour Magarita-Maturin et le transfert à l'embarcadère.

## Les excursions du Senor Pepe

Sa brochure porte le nom «Amazonie authentique». Le Senor Pepe, le patron de Toboggan Tours Amazonas, vous propose, à partir de Puerto Ayacucho, toute une série d'expéditions dans l'Amazone ou à la découverte du Venezuela. Il y en a pour tous les goûts, du mini-safari à la descente de rivière. La plupart des excursions durent une demi-journée ou une journée. On peut loger chez le Senor Pepe à travers ses différents moyens de transports. Il faut réserver; les groupes sont limités. On appelle au 048-21700 ou on écrit à Toboggan Tours Amazonas C.A., av. Rio Negro No 44, Puerto Ayacucho, TF, Amazonas, Venezuela.

Le senor a pris de l'expansion, il offre aussi un voyage d'aventure, avec hamac et moustiquaires, sur la rivière chez les «Yayanomis». On couche dans des hamacs qu'on attache soi-même. Prix : une centaine de dollars par personne.

## Hébergement dans la forêt pluvieuse

On a beaucoup construit depuis la dernière édition. Un groupe de personnes a eu l'idée d'un hébergement très original, Canturama, près de Puerto Ayacucho. Eduardo Blanco a conçu le projet; il veut permettre à tous de séjourner avec un minimum de confort dans la forêt pluviale. Son centre couvre 50 hectares, et permet de revivre ce qu'ont vécu les premiers qui ont descendus l'Orénoque, mais avec les facilités du 4 étoiles. Il y a la glissade de la jungle, des tours à la Sierra Brumeuse, le parc Yacapana, les îles de Raton et Autana Hill. La région vous permet aussi des randonnées inoubliables dans la nature, et quand je vous disais que le continent perdu pouvait servir à Speilberg, il semble qu'une invitation à venir filmer sur place lui ait été lancée... L'hôtel est ouvert depuis trois ans avec 52 chambres; 160 personnes peuvent y séjourner en tout confort, la discothèque est sur un rocher précambrien, c'est à essayer pour les amants de la nature. On peut s'informer à Camturama Amazonas Resort par fax à Caracas à (02) 943.5160.

# TROISIEME SECTION

# INFORMATIONS DIVERSES

# TRANSPORTS

Le Venezuela vient au sixième rang pour la superficie en Amérique du Sud; c'est un grand pays. Ses routes sont excellentes et la Transandine mène à la Colombie. Côté ports de plaisance, on en trouve une cinquantaine.

Pour se rendre sur place, la meilleure solution est de voir votre agent de voyage et de faire affaires avec un grossiste. Pour ceux qui veulent demeurer longtemps, on peut obtenir des extensions avec la plupart des compagnies aériennes. Pour ceux qui veulent voyager sur des vols réguliers, on peut se rendre aux États-Unis et de là prendre des vols vers Caracas avec plusieurs compagnies aériennes, notamment American, Viasa et Avensa. Si vous prenez le vol seulement avec un grossiste, pour ceux qui ont des condos, par exemple, souvent le grossiste peut vous éviter des problèmes avec l'immigration vénézuélienne en vous fai- sant un bon d'échange d'hôtel que vous n'utiliserez pas.

## Transport sur place

Pour ceux qui veulent sortir des sentiers battus ou se promener à leur guise, on a le choix de transports, mais le taxi reste la formule la plus économique. À Caracas, on a des compteurs, les frais de départ sont de 6 bolivars et le prix est calculé d'après la distance et le temps (35 centimos pour 200 mètres ou 30 secondes) Le gouvernement permet toutefois, pour sauver les chauffeurs de la dévaluation de décembre 1986, de majorer les prix de 20%. Cela est assez compliqué lorsqu'on ne parle pas espagnol. Il y a aussi des prix majorés les fins de semaine et en soirée. À titre d'exemple, une course de l'aéroport Simon Bolivar

(Maiquetia) au centre-ville coûte de 95 à 165 bolivars. On peut aussi acheter des coupons; on va au kiosque Venta de beletos taxi et on paie d'avance; on remet le tout au chauffeur et ainsi on évite les discussions possibles.

On peut porter plainte contre un chauffeur au numéro (02) 55-24-24. Comme dans tous les centres touristiques, il y a connivence entre les portiers d'hôtel et les chauffeurs de taxis; essayez de les éviter. Les Vénézuéliens ne sont pas tous riches, c'est pourquoi on essaie d'arnaquer le touriste. La plupart des taxis d'hôtel ne sont pas équipés de compteur; préparez-vous à payer ou à négocier. On paie parfois 30% de plus pour ceux qui n'ont pas de compteurs, mais ils doivent payer un pourcentage à l'hôtel. Dans toutes les autres villes, le tarif est un mélange de négociation et de tarifs fixes par zones (voir tableau). Souvent si vous ne négociez pas, vous allez payer encore plus cher qu'à Caracas.

## Autobus

Dans toutes les grandes villes, on retrouve des circuits d'autobus très efficaces. À Caracas, il y a la station Nuevo Circo d'où partent et arrivent 4 400 autobus par jour. La station est sur Avenida Fuerzas Armadas, près de l'arène de taureaux Nuevo Circo qui lui donne son nom. Les prix sont très économiques, environ 1,5 bolivar par 10 kilomètres soit 15 bolivars pour cent kilomètres.

## Location de voiture

Les conditions de location sont les suivantes : un permis de conduire valide, une carte de crédit et le passeport qui prouve que vous avez 21 ou 25 ans, selon les compagnies.

Les voitures de location sont devenues très chères au Venezuela, 60 $ et plus par jour. Comme la majorité des gens se rendent à Puerto La Cruz et Margarita, les locations sont très rares. On retrouve près de 2 000 000 d'autos au Venezuela, pas toujours en bon ordre, et les Vénézuéliens ne sont jamais coupables en cas d'accident. Aussi vaut-il mieux éviter les locations. Les voitures américaines sont populaires; on voit des Chevrolet, des Ford; il y a encore des Chevette et des Ford Conquistador, l'équivalent de nos Ltd Crown Victoria. À Caracas il y a aussi quelques voitures européennes.

Il est plus avantageux et moins risqué de prendre les transports en commun.

### Location avec chauffeur

Il est plus avantageux de louer avec le chauffeur à l'heure ou à la journée. À Caracas, le prix est de 42 bolivars de l'heure plus le kilométrage et le pourcentage (20%). Sur l'île de Margarita nous avons loué un taxi pour 15 $ par jour; on peut en avoir au prix habituel de 100 bolivars à l'heure ou 500 bolivars pour la journée. Les prix sont plus élevés aux hôtels que dans la ville. On peut aussi utiliser des limousines, qui prennent cinq passagers et qui vous déposent en ville ou à votre hôtel; le prix est de 20 bolivars par personne, mais si la limousine est vide, vous payez pour cinq.

### Le transport semi-public

La majorité des Vénézuéliens ne pourront jamais se payer une voiture, depuis l'inflation de 80% de février 1987. On profite donc du transport semi-public «por puesto». Les prix sont autorisés par le gouvernement ainsi que les trajets, mais les voitures appartiennent aux chauffeurs. Le trajet se fait en auto ou en camionnette et on vous ramasse à peu près n'importe où. Les coûts sont de 2 à 6 bolivars par personne. Sur l'île de Margarita, on en retrouve plusieurs; deux des plus populaires sont celui de Juan Griego qu'on prend près de la Plaza Bolivar. Le tarif aller est de 10 bolivars. Pour se rendre à la Playa Aqua, on se rend au coin de Marino et San Nicolas et le tarif aller est de 9 bolivars.

## Le métro de Caracas

Le taxi à Caracas ne coûte pas cher, car la ville n'est pas grande, mais le métro est très populaire. Il est relativement récent, son inauguration ayant eu lieu le 3 janvier 1983, juste avant la grande dévaluation (qui a ouvert les portes aux touristes). On a alors ouvert la portion de 8 stations entre Propatria et La Hoyada, mais près de cinquante étaient prévues. Il est très propre et les Caraquenos en sont fiers. Dans les rues, on ignore le bon sens, on passe sur les feux rouges; il faut faire attention pour ne pas se faire écraser. Mais le métro est calme. Il a été construit par la France et roule en moyenne à 50 km/heure.

Pour acheter les billets, il y a des distributeurs automatiques et le prix varie suivant la distance parcourue. Montréal est une des rares villes à charger le même prix, peu importe le nombre de stations parcourues.

Après les 8 stations initiales, on a ouvert la ligne 1 au complet; ensuite, la ligne 2 a été ouverte de Capitolio à Las Adjuntas et Zoo Logico, puis la ligne 3 qui se rend à la piste de course, la Rinconada.

Pour les visiteurs d'une journée, la ligne 1 est la plus intéressante. En sortant à Plaza Venezuela, on se rend au boulevard Gran Sabana (Grande Savane), qui est très animé le soir aussi avec ses nombreux cafés.

## L'avion au Venezuela

Pour le vénézuélien moyen, l'avion coûte relativement cher, mais pour les touristes, les gens d'affaires ou les mineurs il n'est pas cher et sauve énormément de temps, il n'y a presque pas de différence entre le prix par autobus et celui par avion. En 1994, on retrouve même trois nouvelles lignes intérieures : Servivensa, filiale d'Avensa, Aserca et Ziliana de Aviacion.

Pour vous donner une autre idée, pour rejoindre Caracas en traversier de Margarita, il faut compter 14 heures, par rapport à 35 minutes en avion. Il y a des vols à toutes les heures et cela coûte 58 $ canadiens; Margarita-Barcelona coûte 35 $ et Margarita-Cumana la même chose.

Ces compagnies desservent pratiquement toutes les villes du pays, et vous offrent aussi des excursions. Tous les hôtels ont les horaires d'avion.

Viasa, la ligne qui relie le Venezuela aux autres pays, a des tarifs très avantageux surtout de Miami, où elle vous offre 24 vols par semaine, à partir de 99 $ U.S. Elle offre aussi des forfaits de plusieurs jours de New York, Houston et Miami, entre autres. Elle a également un bureau à Paris, au 11 place des Martyrs, Av. Lycée Louis Buffon, Paris 75697, tél : 43.35.54.00, ainsi qu'un nouveau terminal à Caracas.

On peut lire la revue Viajando, une revue en vol très intéressante, avec une qualité de photos remarquable.

On peut aussi faire un combiné traversier-avion pour se rendre a Cumana ou Puerto La Cruz et revenir le même jour; nous avons aussi fait Caracas aller-retour le même jour.

La firme Conferry organise les traversiers, entre autres de Porlamar à Puerto la Cruz et Cumana. La traversée peut prendre 5 heures. Considérant le prix de l'avion et une fréquence de 20 vols par jour, on prend l'avion.

**Les lignes aériennes**

**Viasa (Venezolan Int'l Aviacion)**

La plus importante, elle dessert les États-Unis depuis 27 ans pour le Venezuela et cela en gros-porteurs. C'est maintenant une ligne de classe mondiale avec un service hors-pair. J'en ai été impressionné; on fournit même les cigarettes aux fumeurs. Ils ont des vols à travers les États-Unis et l'Europe, notamment de Paris, Milan, Athènes et Zurich. Elle sert les touristes et les hommes d'affaires. Ils ont maintenant un bureau à Toronto sur la rue Bloor.

**Avensa**

Avensa offre aussi son airpass, une formule style Eurailpass, pour un nombre illimité de vols sur 23 villes du Venezuela. Cela permet de découvrir le pays à notre guise. L'airpass ne peut pas être utilisé par les Vénézuéliens. Prix : 7 jours  265 $; 10 jours 352 $; 14 jours 443 $,

## Aéropostal

Ligne intérieure qui a quand même des avions moyen courrier et un bon service.

## Croisières

De nombreuses croisières sont disponibles pour une demi-journée à deux jours. De la pêche en haute mer au souper en mer, à la découverte d'îles désertes.

Certains de nos rédacteurs ont eu leur premier contact avec le Venezuela en 1970, en tant que port d'escale. Avec la popularité des croisières, de plus en plus de bateaux font le Venezuela et sur plus de ports. Il ne faut pas être dans les rues de Porlamar les jours d'escales; les magasins sont envahis, et ce n'est pas le temps de marchander.

A Caracas, dans le port de La Guaira, on retrouve Carnival, Celebrity, Cunard, Fantasy, Holland America, Princess, Regency, Royal, Royal Carriben, et Windstar. Certains y vont toutes les semaines, d'autres de façon épisodique. Pour ma part, mon choix est le Regency ou le Song of Norway qui va également à Margarita dans une croisière de 14 jours pour le temps des fêtes.

À Margarita, on retrouve Fantasy et Windstar, en plus de Royal Carriben et à Los Roques, le Club Med et le Windstar, deux croisières à recommander pour ceux qui en ont les moyens.

Pour les croisières d'expéditions sur l'Orenoque, il y a la compagnie Society Expeditions, qui a le Society Explorer, un bateau de 50 cabines, idéal pour ce genre de croisière qui, à certaines dates, vous offre de Miami l'expédition sur l'Orénoque, 3 ou 4 jours, Los Roques, et d'autres îles de la région. Ces croisières sont offertes en 14 jours seulement à partir de 4 000 $.

Elles vous font rencontrer les Guaraos, le peuple des rivières, dont les villages ne peuvent être reliés que par eau. À Puerto Ordaz, on vous offre le safari aérien, pour voir la chute Angel; l'escale est à Canaima. La compagnie a son siège social à Seattle mais les forfaits sont disponibles au Canada, entre autres chez les Expéditions du monde.

## Compagnies aériennes

Pour ceux qui doivent revenir vite, ou pour les vols d'affaires, il y a Air Canada, (02) 572-1611 ou encore via New York avec Viasa au même numéro. Le vol de New York a lieu le samedi, et celui de Montréal via Toronto, le dimanche. Air Canada a des sièges réservés à l'année su Viasa de Toronto. Nous avons pris ce vol. Il fait escale à Porlamar, le départ de Toronto, a lieu à 15h15, pour arriver à Caracas à 23h15. Le retour n'est pas facile; il faut se lever tôt car le départ a lieu à 7h30 le matin, et l'arrivée à Toronto à 13h30. Je crois que la meilleure façon de se rendre est de passer par Miami, ce que font nos rédacteurs qui partent pour un long séjour. En effet Viasa a des vols tous les jours à partir de Miami. Voir votre agent ou venir nous voir au Multicentre, le prix avec Air Canada équivaut au Charter : 516 $ pour moins de 21 jours, 774 $ pour 30 jours ou encore 1 274 $ pour plus de 30 jours ou pour un billet ouvert. Via Miami on peut s'en tirer pour beaucoup moins cher si on veut rester longtemps. Air France peut être rejoint à (02) 283-5855.

De toute façon la compagnie que vous allez appeler va vous donner les meilleures possibilités au moment où vous en avez besoin. De Miami, en février dernier, on annonçait des tarifs de 200 $ aller-retour pour Caracas. On offre aussi, de Montréal, des tarifs avantageux de dernière minute qui varient selon les semaines.

## RÉSERVATIONS

A la fin de la décennie 80, nous avions plus de 20 grossistes qui allaient au Venezuela; tout le monde voulait y aller. Pour 1994, on retrouve 8 grossistes qui utilisent 4 transporteurs.

Nous vous recommandons les grossistes suivants :
• Vacances Air Transat
• Vacances Royal
• Nolitours

Les vols ont lieu les vendredis en journée et les dimanches avec Air Transat et Royal.

**Réserver les hôtels vous-même du Québec ou sur place.**

Trois catégories de gens peuvent vouloir réserver eux-mêmes leurs hôtels.

D'abord les gens d'affaires : Pour réserver au Melia à Puerto La Cruz, ils peuvent utiliser leur FAX ou le télex. Cela ne leur assure pas de meilleurs taux, mais leur permet de choisir, surtout ceux qui veulent des suites de catégorie supérieures que les grossistes n'achètent pas au Québec.

La deuxième catégorie concerne ceux qui ont des voyages de dernière minute. Parfois, nous n'avons que l'avion à des tarifs intéressants.

La troisième catégorie comprend ceux qui ne restent pas longtemps au même endroit. Ils ne réservent que sur place. Cette façon de faire devrait devenir de plus en plus difficile, étant donné la popularité croissante du Venezuela.

## COMMUNICATIONS

Le Venezuela est le pays le mieux pourvu en communications de toutes sortes; beaucoup de gens ont le téléphone et il y en a dans tous les endroits publics. Nous avons fait des appels au Canada de plusieurs endroits. En général la communication est bonne et pour 3 minutes cela nous revient toujours à moins de $10. Pour les communications d'affaires il y a les télex, les fax, les répondeurs, les services de messageries. Oubliez la poste, elle prend des mois. Les messageries coûtent cher et ne sont pas aussi rapides qu'au Canada.

On a amélioré le réseau téléphonique et il y a moins d'écho. Attention à la tonalité. Elle dure plus d'une seconde et est suivie d'une pause; quand la ligne est occupée, la sonnerie est rapide et très aiguë, à intervalles rapprochés. Du Canada, les appels coûtent en moyenne 2 $ la minute.

Les villes suivantes ont des indicatifs de zone : Barquisemeto, 51; Caracas, 2; Coro, 58; Maracaïbo, 61; Maracay, 43; Merida, 74; San Cristobal, 76 et Valencia, 41. Il n'y a pas encore d'indicatif de zone à Margarita et à Puerto La Cruz.

**La carte d'appel**

Le Venezuela a aussi une carte d'appel. Cette carte informatisée, qui ressemble à une carte de crédit, vous permet des temps d'appel. La mienne a comme illustration la lagune de Maracaïbo. Une fois le temps d'appel utilisé, on la garde en souvenir.

# PARTIR POUR LE VENEZUELA
# D'UNE AUTRE PROVINCE OU
# D'UN AUTRE PAYS

## De Toronto

Les grossistes offrent sensiblement la même chose qu'à Montréal.

## Des États-unis

Il est possible d'aller au Venezuela en vols directs de la plupart des grandes villes américaines

### Partir pour le Venezuela de Miami

Pour nos oiseaux migrateurs qui passent l'hiver en Floride et qui parfois veulent voir autre chose, nous avons déniché à Miami une agence qui a de bons prix pour Margarita : à partir de 347 $ pour 4 jours et 3 nuits en occupation double, 4 étoiles, incluant le guide, de la documentation touristique et les transferts. Il y a aussi le 7 jours, 6 nuits, avec des plages, des excursions pour 538 $ et cela au printemps 1994. L'agence s'appelle JD Valencianna, 330 SW 27th ave., Suite 605, Miami, Florida.
Tél : (305) 541-3626 ou par fax à 541-6552.

Il y a également une ligne aérienne nouvelle que nous avons essayée. Ils ont des vols en matinée, au début et à la fin de l'après-midi ou en soirée, 4 vols par jour, sauf les fins de semaine, en avions DC-9, de l'espace, le bar, des canapés. Le prix, environ 4 800 BS. La ligne s'appelle Laser, Linea Aerea de Servicio Executivo Regional, C.A. On les rejoint à Caracas au 263340.67 ou à Porlamar, au (095) 669.13.29. Cette compagnie permet de voir Caracas, ou convient pour ceux qui doivent aller à Caracas par affaires et qui ont les moyens. Ceci est valable à condition de connaître la ville de Caracas; sinon, je vous conseille les excursions.

## LE VENEZUELA DE LA FRANCE

Le grossiste français Explorator organise une expédition qu'il a baptisé: Jungle et Nostalgie. Il a vous amène à la pointe nord-est du Venezuela, où on trouve 150 kilomètres de côtes quasi-déserte : la péninsule de Paria. La jungle y a envahi les riches plantations de cacao et une forêt tropicale en délire se jette dans la mer des Caraïbes. Pas de route, pas d'électricité, cette expédition très écologique et nostalgique est une nouveauté qui permet de découvrir la nature sauvage, les îles Testigos qui sont même oubliées des navigateurs. Les moyens de transport utilisés sont le tout-terrain, le bateau de pêche et la pirogue. On peut aussi faire de la plongée et de la chasse sous-marine. Malgré son nom et les nuits en bivouac, ce voyage peut être fait par toute personne en bonne condition physique.

Pour réserver on appelle Explorator à Paris au (1) 42.66.66.24.

## CIRCUIT CUMANAGOTO : 10 jours/9 nuits

- Pour groupes en autocar
- Pour individuels en voiture de locations.

## Principaux sites du circuit:

- Champ pétrolifère de El Tigre
- Ciudad Bolivar
- Llanos occidentales
- Rio Morichal
- Grotte de Guacharo
- Rio Caribe
- Route de corniche sur la mer des Caraïbes
- Mochima (plage)
- Puerto La Cruz (plage)

## Descriptif du circuit

- 1$^{er}$ jour : Arrivée à Caracas. Accueil à l'aéroport par le guide Joana Tours qui accompagnera le groupe tout au long du voyage. Transfert à l'hôtel. Cocktail de bienvenue.

- $2^e$ jour : Caracas / Higuerote / Puerto La Cruz – 420 km. Départ matinal de Caracas. Halte à Higuerote pour une promenade dans la mangrove de Carenero où l'on pourra admirer une multitude d'oiseaux survolant les îlots de palétuviers. En faisant route vers Puerto La Cruz on longera la Laguna de Unare, domaine des flamands rose. Nuit à Puerto La Cruz.
- $3^e$ jour : Puerto La Cruz / Ciudad Bolivar – 200 km. Ciudad Bolivar est bâtie au bord de l'Orénoque, dans la partie où son lit, resserré entre deux éperons rocheux, est le plus étroit, d'où le nom d'Angostura qui fut donné à cette ville avant qu'elle ne soit rebaptisée en souvenir du Libertador. Ville au passé historique riche, Ciudad Bolivar est une cité intéressante à visiter. C'est là que se trouve l'unique pont qui franchit l'Orénoque. Une promenade en bateau permettra de l'admirer et d'avoir une fort belle vue de la ville depuis le fleuve.
- $4^e$ jour : Ciudad Bolivar / Guri / Puerto Ordaz – 195 km. Après le passé et l'histoire, le présent et l'avenir : visite du barrage hydroélectrique de Guri, l'un des plus importants au monde, construit sur le Rio Caroni.
  Arrivée en fin d'après-midi à Puerto Ordaz, grande cité moderne et industrielle située au confluent du Caroni et de l'Orénoque.
- $5^e$ jour : Puerto Ordaz / Rio Morichal / Maturin – 170 km.
  Excursion de la journée sur le Rio Morichal Largo, affluent d'un des bras du Delta de l'Orénoque. En descendant le Rio on pourra observer une abondante végétation typique de cette région et en particulier les palmiers «Moriches» qui donnent à l'eau sa coloration brune et dont les indiens Waraos utilisent les palmes et les fruits.
  La faune, peu dérangée, est composée de petits singes, de hérons blancs et cendrés, de martins pêcheurs et aussi de serpents anacondas et de piranhas que les touristes pourront pêcher.
  Nuit à Maturin.

- 6$^e$ jour : Maturin / Grotte Guacharo / Rio Caribe – 240 km.
  Après la plaine à Maturin, la route s'élève peu à peu dans la montagne, offrant de fort beaux paysages. Visite de la grotte de Guacharo un des sites touristiques et scientifiques les plus importants du Venezuela. On peut y voir sur les 1,5 km ouverts à la visite (10 km de galeries au total) des salles d'une ampleur et d'une beauté extraordinaire, de surprenantes formations de stalactites et stalagmites et des oiseaux nocturnes très rares - les Guacharos - qui en ont fait leur habitat. Hébergement le soir à Rio Caribe, une petite ville coloniale, aujourd'hui grosse bourgade de pêcheurs.
- 7$^e$ jour : Rio Caribe / Carupano / Cumana – 145 km.
  Route de corniche jusqu'à Carupano où l'on fera une brève halte. Après Cariaco, on pourra admirer la péninsule d'Araya successivement anthracite, orange et ocre.
  À Cumana, la «Primogénita», la première ville fondée sur tout le continent Américain, on pourra évoquer au cours d'un «city tour» la conquête des Indiens, la colonisation et la lutte contre les pirates hollandais, anglais et français attirés par les riches salines (toujours en exploitation). Nuit à Cumana.
- 8$^e$ jour : Cumana / Mochima / Puerto La Cruz – 80 km.
  Très belle route de corniche entre Cumana et Puerto La Cruz. Après 25 km environ on quittera la «nationale» pour descendre jusqu'à Mochima, charmant petit village au fond d'un golfe magnifique. De là on prendra un peñero (barque de pêche rapide à moteur) pour aller se baigner et déjeuner sur la plage Las Maritas. On aura tout loisir d'admirer ce golfe aux mille recoins. Nuit à Puerto La Cruz
- 9$^e$ jour : Puerto La Cruz. Un bref séjour plage qui permettra de découvrir la Isla de Plata, petite île au sable blanc et aux eaux limpides qui servit de repaire au célèbre pirate Henry Morgan. Chasse au trésor autorisée! Baignade, barbecue sur la plage, promenade en bateau seront au programme de cette journée.

- 10$^e$ jour : Puerto La Cruz / Caracas – 370 km. En fonction de l'horaire du vol Caracas / Paris, un «city tour» de Caracas peut être organisé avec un départ très matinal de Puerto La Cruz. Envol de Caracas.

## Options

### 1 - Tout en car :

|     |                                          | Heures | Km   |
|-----|------------------------------------------|--------|------|
| J1  | Arrivée à Caracas                        |        |      |
| J2  | Caracas/Higuerote/Puerto La Cruz         | 5h00   | 420  |
| J3  | Puerto La Cruz/El Tigre/Ciudad Bolivar   | 2h30   | 200  |
| J4  | Ciudad Bolivar/Guri/Puerto Ordaz         | 2h30   | 195  |
| J5  | Puerto Ordaz/Rio Morichal/Maturin        | 2h00   | 170* |
| J6  | Maturin/Grotte de Guacharo/Rio Caribe    | 4h00   | 240  |
| J7  | Rio Caribe/Carupano/Cumana               | 2h00   | 145  |
| J8  | Cumana/Mochima/Puerto La Cruz            | 1h30   | 80   |
| J9  | Puerto La Cruz (Plage)                   |        |      |
| J10 | Puerto La Cruz/Caracas - Envol de Caracas | 4h30   | 350  |
|     |                                          |        | 1 800 |

### 2- Variante : Caracas/Ciudad Bolivar en avion:

|     |                                          | Heures | Km    |
|-----|------------------------------------------|--------|-------|
| J1  | Arrivée à Caracas                        |        |       |
| J2  | Vol Caracas/Ciudad Bolivar               | 0h50   | Avion |
| J3  | Ciudad Bolivar/Guri/Puerto Ordaz         | 2h30   | 195   |
| J4  | Puerto Ordaz/Rio Morichal/Maturin        | 2h00   | 170*  |
| J5  | Maturin/Grotte de Guacharo/Rio Caribe    | 4h00   | 240   |
| J6  | Rio Caribe/Carupano/Cumana               | 2h00   | 145   |
| J7  | Cumana/Mochima/Puerto La Cruz            | 1h30   | 80    |
| J8  | Puerto La Cruz (Plage)                   |        |       |
| J9  | Puerto La Cruz (Plage)                   |        |       |
| J10 | Puerto La Cruz/Caracas - Envol de Caracas | 4h30   | 350   |
|     |                                          |        | 1 180 |

* Traversée de l'Orenoque en bac.

# CIRCUIT MANAURE : 10 jours / 9 nuits

- Pour groupes en autocar.
- Pour individuels en voiture de location

## Principaux sites du circuit:

- Champ de bataille de Carabobo
- Llanos Altos
- Les Andes
- Champ pétrolifère du lac de Maracaïbo
- Laguna de Sinamaica
- Coro
- Désert de Los Medanos
- Morrocoy (Plage)

## Descriptif du circuit

- $1^{er}$ jour : Arrivée à Caracas. Accueil à l'aéroport par le guide Joana Tours qui accompagnera le groupe tout au long du voyage. Transfert à l'hôtel. Cocktail de bienvenue.
- $2^e$ jour : Caracas / Carabobo /Acarigua – 340 km.
  Départ après le petit déjeuner en car confortable et climatisé. Arrêt au Parque Campo Carabobo qui commémore la bataille qui se déroula en ces lieux le 24 juin 1821, et fut décisive pour l'indépendance du Venezuela. On peut y voir, au milieu des jardins, une allée bordée des butes en bronze des héros de la bataille, qui conduit à un Arc de Triomphe et à la tombe du Soldat Inconnu gardée par des soldats en uniforme de l'époque.
  Arrivée le soir à Acarigua, grand centre agricole des Llanos. Détente au bord de la piscine du motel Payara. Excellentes «parrilladas» au restaurant de l'hôtel.
- $3^e$ jour : Acarigua / Los Frailes – 260 km.
  L'étape de ce jour offre des contrastes intéressants. Après Llanos, vastes plaines d'élevage qui sont un prolongement de la Pampa Argentine, on aborde les Llanos Altos sur les premières pentes des Andes.
  Traversée de Barinitas, capitale du café et du cacao.

159

Courte halte à Santo Domingo, village andin typique établi à 2179 m qui propose son artisanat.
Arrivée à Los Frailes, ancien monastère situé en pleine montagne et transformé en une hostellerie de charme. Apéritif au coin du feu. Dîner et nuit à Los Frailes.

- 4$^e$ jour : Los Frailes / Merida – 80km. Départ après le petit déjeuner par une superbe route de montagne qui traverse la Sierra Nevada. Cette étape débutera par une halte au lac Mucubaji, situé à 3500 m., en plein cœur du Paramo Andin, sorte de lande d'altitude où fleurissent les «Frailesjones», plante à feuilles duveteuses et à fleurs jaunes, semblables à des edelweiss géants. De là une très belle promenade à pied ou à dos de mule conduit jusqu'à La Laguna Negra, petit lac aux eaux sombres niché dans une étroite vallée boisée (durée aller-retour : 2h à 3h15). Déjeuner dans une auberge de montagne.
Très belle route jusqu'à Merida en suivant les sinuosités du Rio Chama.

- 5$^e$ jour : Téléphérique / Merida/ Jaji / Merida – 70 km. Par le téléphérique le plus long (12,5 km) et le plus haut du monde (réalisé par la société française Applevage) on s'élève dans la Sierra Nevada en 4 tronçons jusqu'aux 4 765 m du Pico Espejo.
Le premier tronçon permet de «survoler» Merida, ville universitaire bâtie dans une riche vallée à 1 625 m d'altitude. On découvre ensuite, après les pentes boisées, la flore colorée du Paramo, puis les pics rocheux et les neiges éternelles. Au retour excursion à Jaji par un itinéraire qui permet d'apprécier des paysages andins très contrastés : riches pentes boisées et verdoyantes parcourues de torrents tumultueux où versants pierreux et arides se succéderont. La halte à Jaji, charmant village restauré donnera l'occasion d'être transporté dans un passé vieux de plusieurs siècles. Retour à Merida pour la soirée et la nuit.

- 6$^e$ jour : Merida / Maracaïbo – 400 km. La première partie de cette étape offre des points de vue grandioses sur les paysages andins. Par la route la plus haute du pays on passe au Pico El Aguila à 4 077 m.

Au cours de la seconde partie la route descend vers le lac Maracaïbo et longe la zone d'exploitation pétrolifère. Arrivée en début de soirée à Maracaïbo.

- 7<sup>e</sup> jour : Maracaïbo /Sinamaica / Maracaïbo / Cobo – 380 km.

Après la cité moderne, active et animée de Maracaïbo, dépaysement garanti à quelques dizaines de kilomètres dans le grand village lacustre de Sinamaica. Dans la lagune d'eau douce on circule en bateau entre les «palafitos», maisons sur pilotis, faites pour la plupart de roseaux tressés, et les îlots couvert d'une riche végétation tropicale.

Cette sorte de «Venise», serait à l'origine du nom «VENEZUELA» donné par les premiers conquistadors à toute la province espagnole. La population indienne (Paraujana) est accueillante.

Après le déjeuner, route vers Coro où l'on arrive en fin d'après-midi.

- 8<sup>e</sup> jour : / Los Medanos / Morrocoy – 205 km.

Visite du quartier colonial de Coro, sans nul doute le mieux conservé de tout le pays. Cette promenade dans le passé mènera les visiteurs par de charmantes rues pavées de la place saint Clément à la cathédrale, en passant par les maisons les plus remarquables de cet ensemble architectural: Casa Del Sol, Casa de Las Ventanas de Hierro, Casa Del Tesoro, Balcon de los Arcaya.

Aux portes de la ville, retour insolite à la nature avec le curieux et minuscule désert des Medanos. Constitué sur environ 80 km. de dunes de 15 à 35 m de haut en perpétuelle mouvance, ce paysage surprenant et fascinant offre quelques images sahariennes qui permettent d'étonnantes photos.

Arrivée le soir à Tucacas dans le Parc National de Morrocoy.

- 9<sup>e</sup> jour : Morrocoy.

Journée passée à Morrocoy. Ce parc est constitué de 32 090 hectares d'îlots, de canaux et de littoral qui forment une lagune exceptionnelle où l'on pourra découvrir en bateau la mangrove, milieu naturel semi aquatique ou s'enchevêtrent les milliers de racines de palétuviers, couvertes d'huîtres.

- 10$^e$ jour : Morrocoy / Caracas – 250 km.
  Envol de Caracas.
  En fonction de l'horaire du vol de retour, un «city tour» de Caracas peut avoir lieu l'après-midi.

## Options

**1 - Tout en car :**

|     |                                      | Heures | Km   |
|-----|--------------------------------------|--------|------|
| J1  | Arrivée à Caracas                    |        |      |
| J2  | Caracas/Carabobo/Acarigua            | 5h00   | 340  |
| J3  | Acarigua/Los Frailes                 | 5h00   | 260  |
| J4  | Los Frailes/Merida (Paramo)          | 1h30   | 80*  |
| J5  | Merida/Téléphérique/Jaji             | 1h30   | 70   |
| J6  | Merida/Maracaïbo                     | 7h00   | 400  |
| J7  | Maracaïbo/Sinamaica/Maracaïbo/Coro   | 5h00   | 380  |
| J8  | Coro/Los Medanos/Morrocoy            | 2h30   | 200  |
| J9  | Morrocoy                             |        |      |
| J10 | Morrocoy/Caracas                     | 3h00   | 250  |
|     | Envol de Caracas                     |        |      |
|     |                                      |        | 1 980 |

**2- Variante : Caracas/Merida en avion**

|     |                                      | Heures | Km    |
|-----|--------------------------------------|--------|-------|
| J1  | Arrivée à Caracas                    |        |       |
| J2  | Vol Caracas/Merida                   | 1h00   | Avion |
| J3  | Merida/Téléphérique/Jaji             | 1h30   | 70    |
| J4  | Merida/Paramo/Los Frailes            | 1h30   | 80*   |
| J5  | Los Frailes/Maracaïbo                | 7h00   | 320   |
| J6  | Maracaïbo/Sinamaica/Maracaïbo/Coro   | 5h00   | 380   |
| J7  | Coro/Los Medanos/Morrocoy            | 2h30   | 200   |
| J8  | Morrocoy                             |        |       |
| J9  | Morrocoy                             |        |       |
| J10 | Morrocoy/Caracas                     | 3h00   | 250   |
|     | Envol de Caracas                     |        |       |
|     |                                      |        | 1 300 |

* En fait excursion de la journée avec nombreux arrêts dans la montagne (Paramo) pour promenades à pied ou à dos de mule.

**Hôtels**

- **Caracas :**
    * Hôtel Avila 4 étoiles. Plein de charme.
      Domine Caracas. Au pied du Parc Avila. Avec
      piscine.
- **Circuit «Manaure» :**
    * Acarigua : Très beau motel «Payara» au milieu
      d'un jardin avec piscine.
    * Los Frailes : Ancien monastère à 2 800 m
      d'altitude perdu dans le Paramo andin
      transformé en hostellerie magnifique.
    * Merida : Hôtel Don Juan 3 étoiles. Bel hôtel
      moderne, récent, près du centre-ville.
    * Maracaïbo : Hôtel Cumberland 3 étoiles.
    * Coro : Hôtel Venezia 2 étoiles
    * Morrocoy : Hôtel Mario 3 étoiles. Belle piscine.
- **Circuit «Cumanagoto» :**
    * Puerto La Cruz : Hôtel Gaeta 3 étoiles ou Doral
      Beach 4 étoiles.
    * Ciudad Bolivar : Hôtel Laja City 3 étoiles
    * Puerto Ordaz : Hôtel Rasil 3 étoiles
    * Maturin : Hôtel Chaima Inn 3 étoiles. Motel
      avec piscine
    * Rio Caribe : Hôtel Mar Caribe 3 étoiles. Avec
      piscine. Au bord de la plage.
    * Cumana : Hôtel Minerva 3 étoiles. Moderne.

**Prix**

Circuits Manaure et Cumanagoto, en autocar climatisé, 25
passagers, chambre double, en pension complète :
750 $ US.

# LES AGENCES ET LES GENS À VOIR EN FRANCE

J'ai reçu de nombreuses lettres de France me demandant s'il est possible de passer par Montréal pour sauver de l'argent. À certaines périodes de l'année, nous avons des vols autour de 400 $, toutes taxes comprises. Le problème est au niveau du paiement; en ces temps de récession, les voyagistes ne font pas crédit, et à moins d'avoir des correspondants ou de la famille au Canada, ou d'y venir souvent, il est moins compliqué de faire les réservations de France. Je vous donne les bonnes adresses et les gens à voir.

## À Paris

- Anyway, 46 des Lombars, 75001 Paris.
  Tél: 1-40-28-02-60
- Charters et Compagnies, 12 rue Truillot, Ivry sur Seine.
  Tél : 1-45-15-15-00, demander Marc Dumaire.
- El Condor, rue Galliéni, Boulogne Billancourt,
  Caroline Beraudy
- Equinoxiales, 2 rue de l'Exposition, Paris.
  Tél: 1-47-53-71-89, Danielle Vacher
  - Un aller-retour Paris Caracas vaut entre 4500 et 5700 FF;
  - Un aller-retour Caracas Margarita vaut 58 $ Can.

## Organismes gouvernementaux.

- Consulat : 42 avenue du Président Wilson, 75116 Paris.
  Tél: 1-45-53-00-88.
  Tous les jours de la semaine de 9h à 12h.
- Ambassade : 11 rue Copernic, 75016 Paris.
  Tél: 1-45-53-29-98

## Au Venezuela

- Ambassade de France : Calle la Gairita,
  Edificio Los Frailes, Piso 5, Chuao Tél : (2) 92.42.53
- Institut Franco-Venezuelien à Caracas au (2) 781-4576

# LES CANADIENS AU VENEZUELA

Il y a toujours eu des Canadiens au Venezuela, mais pas toujours des touristes. Le Québec, par exemple, a deux communautés sur place : les Eudistes et les Missionnaires de la Consolata. Les Eudistes sont de la région de Québec et les Missionnaires de la Consolata de Montréal. Il y a eu aussi l'an dernier un projet de Jeunes du Monde au Venezuela. Les Jeunes du monde sont des étudiants engagés dans l'aide aux pays du Tiers-Monde. Si le Venezuela ne coûte pas cher aux touristes, ses revenus de pétroles on baissé et sa dette extérieurs s'accroît.

Comme dans les autres pays de l'Amérique du Sud, il y a un déséquilibre entre les classes; il n'y a pas de classe moyenne, 5% des gens fortunés ont 20% de la richesse, 20% des pauvres ont 3% de la richesse.

J'ai eu l'occasion de m'associer au projet des Jeunes du Monde, et je vous résume les coordonnées. On voulait créer une école pour enfants défavorisés à Paraguaipoa (Zulia), dans la Guajira vénézuélienne. C'est sur la côte orientale près du golfe du Venezuela. Cette région a un taux de pluie très bas, et les terrains sont presque désertiques. L'école était destinée aux Guajiros, des Indiens de la famille des Arawaks.

Il y a également des Canadiens qui ont participé au Jeux panaméricains qui se sont tenus à Caracas en 1983. À l'été 1988, il y a eu des stages de huit semaines à Maracaïbo, avec Interculture Canada, un organisme qui offre à des jeunes des cours de langues étrangères. Le Venezuela était la destination de 1988 pour le cours d'espagnol. Il est possible aussi de suivre des cours comme étudiant libre dans la plupart des universités vénézuéliennes.

D'autre part, beaucoup de Québécois y demeurent à l'année ou presque depuis plusieurs années, comme guides, comme représentants; certains gèrent des restaurants, etc.

# INFORMATIONS TOURISTIQUES

## Pourboires

Taxis : On ne donne pas de pourboire, sauf pour les bagages; on suggère 5 bolivars par valise.

Restaurants : On vous facture habituellement 10%; on s'attend à un autre 10% si vous êtes satisfait.

Hôtels: Les porteurs reçoivent habituellement de 3 à 5 bolivars par valise.

Les «secrétaires» : Ce sont de jeunes garçons qui vous rendent des services; ils sont moins omniprésents que dans d'autres destinations, mais ils reçoivent de 3 à 10 bolivars, le tout dépend du travail.

Coiffeurs et coiffeuses : . On en trouve dans tous les hôtels et dans toutes les villes; on peut leur donner en pourboire: Pour un shampooing, de 5 à 10 bolivars. La coiffure complète, de 1 à 20 bolivars, et la manucure, 10 bolivars.

Restaurants : Ils sont souvent pleins; il vaut mieux réserver c'est plus prudent. Les heures d'ouverture sont 12h00 à 15h00 pour le lunch et à partir de 19h00 pour le dîner. La soirée débute vers minuit et on ferme tard. La plupart des restaurants sont fermés le lundi.

## Passeport

Il est préférable de le conserver sur soi, surtout si on voyage à travers le pays. Le passeport doit être valide pour plus de six mois après votre entrée dans le pays. Ceci est très important, à vérifier avant votre départ.

## Bureaux et commerces

Les bureaux du gouvernement sont ouverts jusqu'a 18h00 du lundi au vendredi. Les établissements commerciaux sont ouverts du lundi au samedi de 9h00 à 12h30 et de 14h00 à 18h30, sauf à Margarita jusqu'a 19h00.

## Journaux

Il y a des journaux en anglais. Le journal de Caracas, le Daily Journal, est disponible tous les jours pour 4 BS. On y donne les nouvelles internationales, les sports pour suivre le classement du baseball, les taux de change, les cours de la bourse de New York et Toronto, et un peu de publicité. Mira pour la région de Margarita est à lire. On trouve aussi certains journaux américains. Il y a beaucoup de revues au Venezuela, sur le sport, la mode, etc.

## Lavage

Ce n'est pas cher; on offre le service 24 heures partout, dans les hôtels et chez les nettoyeurs des grandes villes.

## Garderie

La plupart des hôtels ont un service de gardienne ou de garderie.

## Toilettes

Partout, pour les hommes «Caballeros», les femmes «Damas».

## Drogues

À laisser au Canada. Lors de mon dernier voyage il y avait un panneau à Mirabel qui disait: «LA DROGUE? UN VOYAGE ALLER SEULEMENT». Ils sont très sévères sur ce point. Si vous vous faites arrêter, il est difficile de s'en sortir, et cela risque d'être long et très coûteux.

## Boisson

La bière est très populaire. On connaît surtout la Polar, c'est un ours polaire. La Zulia, la Cardenal et la Solera sont aussi connues. Elle ne contient pas beaucoup d'alcool et ne coûte pas cher. Plusieurs régions ont des boissons locales. Les bars et les cafés sont ouverts dès 10h00, l'âge pour y être admis est 18 ans. On ferme les bars le dimanche dans la capitale. Les cafés-terrasses sont populaires comme les automercados; on a aussi les cafés-dansants (Cervecerias). Pour avoir une vue superbe de Caracas, montez au bar du Hilton.

## Photographie

Je vous conseille d'apporter vos pellicules. Certains endroits offrent le service d'une heure, mais personne ne l'a utilisé dans mon groupe. Éviter de photographier les militaires ou des policiers. Par contre, les guides aiment beaucoup se faire photographier en compagnie des touristes; leur salaire est de 4000 bolivars par mois, n'oubliez donc pas le pourboire si vous êtes satisfaits.

Ne pas faire développer les photos, les commentaires ne sont pas fameux, les prix non plus.

## Banques

- De 8h00 à 12h00 et 14h00 à 16h00.
- Maison de change jusqu'à 18h00.

. Une nuit d'hôtel standard 25 $ à 40 $.
. Un litre d'essence: Entre 0.03 et 0.10 $
. Une voiture de location: 100 $ par semaine.

## Faune et flore

Les animaux sont présents partout; il n'est pas rare de voir des singes dans les arbres. La chasse et la pêche sont des sports très accessibles. Les fleurs et les arbres sont superbes, il existe à Caracas un fabuleux jardin botanique.

Parlant de faune, on nous appelle les «Grenouilles« à notre arrivée et au départ nous sommes devenus des «Homards».

La flore vénézuélienne est une des plus variées. On ne peut s'empêcher d'y remarquer les hibiscus importés d'Hawaï. On les appelle Cayenas au Venezuela. On y trouve aussi toutes les variétés de palmiers et de cactus.

. Parmi les arbres fruitiers, on remarque les citronniers, les orangers, les manguiers. Les bananes légumes et fruits y sont présentes ainsi que les tomates, les piments, les avocats.

Dans les vallées, on cultive le chou, le raisin. Dans les montagnes, on fabrique l'un des meilleurs chocolats au monde.

On peut acheter sur place des livres sur la flore et la faune vénézuélienne; ils sont superbes pour 500 à 700 bolivars.

## Musées, églises, universités

- Les shorts, les bermudas et les épaules dégagées sont interdits. On trouve partout de superbes églises dont une à Margarita et toutes les villes ont des musées.
- Les Musées ferment tous de 12h00 à 14h00.

## Poste

Les cartes postales coûtent de 3 à 5 bolivars. Il faut compter 3 semaines de délai postal entre le Venezuela et le Québec. Tarif de 4 bolivars pour les cartes postales.

## Marché aux puces

. Dans des tentes; entre autres, sur la plage, entre l'Hosteria El Morro et le Doral. On y vend du cuir, des bijoux, des chandails, des serviettes de plage, etc. N'oubliez pas qu'il faut marchander. Vous aurez de belles surprises, les prix baissent à vue d'œil.

## Ambassade

- L'Ambassade du Canada :
  Édifice Torre Europa, Avenida Francisco de Miranda, Chacaito, Caracas.
  Tél : (02) 9516666 ou 68.
  Adresse postale : Apartado Del Este #62302, Caracas 1060-A.
- Consulat à Montréal : 9h00 à 14h00.
  2055 rue Peel, suite 400, Montréal, H3A 1V4.
  Tél: (514-842-3417 ou 18.

## Plages

Les amateurs de longues plages seront déçus, surtout à Maracaïbo. La plage de Cumana est très belle. On loue des parasols avec chaises longues 1 $ par jour. On peut acheter des chaises gonflables. Les fins de semaine, tout le pays se retrouve sur la plage, on y construit des châteaux de sable, etc. Pour les fanatiques du Doral, vous lever tôt pour un coin de la plage et une chaise est un sport quotidien. À mon avis, les fins de semaine, c'est le temps des excursions, on peut y faire du parasail, les prix varient entre 10 $ et 30 $ selon que vous voulez négocier ou non.

## Habillement

Tout dépend où vous allez et ce que vous voulez faire. En général, pour les régions de plages, tenue estivale. Pour les affaires, tenue veston, cravate. On est conservateur.

## Achats au Venezuela

- Il faut magasiner à Margarita pour le choix. Margarita est une zone franche et tout est hors taxe à Porlamar.
- Beaucoup de produits comme les disques, les cassettes, les vidéos; les cigarettes sont de marques américaines; les disques des Beatles et de Georges Michael sont populaires et au tiers du prix canadien, ils sont fabriqués au Venezuela mais la qualité est excellente.
- Radio : Il y a de la musique locale très rythmée. Les cassettes de musique locale ne coûtent pas cher, on en a trois pour 100 bolivars en vente.
- On peut acheter des diamants imparfaits à bon prix. L'artisanat est populaire et le cuir est bon marché. Dans les grands centres d'achats, on peut facilement acheter une paire de chaussures pour 10 $.
- Les Québécois achètent également les souvenirs habituels, casquettes, serviettes, etc...
- Il n'y a pas vraiment d'aubaines dans les produits manufacturés; c'est le même prix qu'ici.

## Précautions à prendre avec les gens du Venezuela

- Comme dans tous les pays du Sud, il ne faut pas tenter le diable; ces gens ont subi une baisse du niveau de vie avec la baisse du pétrole et un haut taux de chômage. Beaucoup de gens doivent parfois chaparder pour se nourrir dans les grandes villes. Ils sont souvent rapides et habiles. N'apportez pas de bijoux inutiles. Ces gens n'ont pas d'assurance chômage, d'assurance-maladie et les salaires sont très bas pour les ouvriers, ce qui ne leur permet pas d'amasser des réserves; les avocats, les médecins gagnent des salaires comparables à ceux du Canada ou des États-Unis.
- Une femme de ménage touche $5. par jour, une caissi-ère première classe dans une banque, qui manipule les ordinateurs, etc., gagne 2 500 $ par année.
- Les Américains et les Québécois qui ont des maisons là-bas ont d'ailleurs des clôtures ou des murs de 12 pieds de haut et des gardes à l'année, pour surveiller les maisons. Les gardes avec leurs armes coûtent de $5. à $8. par jour.
- On ne doit pas photographier des endroits où il y des gardes; ces gens veulent la paix. De même qu'on ne devrait pas photographier des endroits publics sans permission au Venezuela.
- Les Vénézuéliennes sont très belles et très fières, prin-cipalement celles entre 16 et 25 ans; c'est le fruit de l'union de trois races (blanche, noire et indigène) et leur beauté est reconnue mondialement.
  Il faut être polis avec elles; si elles veulent, elles vous accompagneront; elles sont aussi libérées que les Nord- Américaines.
- Les Québécoises peuvent aller au Venezuela seules et avoir la paix; on ne les importune pas comme dans d'autres centres touristiques.
- Les règlements de circulation et les feux de circulation sont souvent oubliés, les stops vénézuéliens sont sem-blables aux stops américains. S'il y a un accident avec blessés, on vous garde en détention jusqu'à la conclu-sion de l'enquête.

- La loi du nolisement : Il y une loi Venezuela pour éviter les itinérants; on ne doit pas vendre plus de 20 places par vol nolisé sur le Venezuela. Les grossistes sont au courant; on vous remet un bon d'échange fictif si nécessaire.
- Les magasins peuvent vous donner un escompte si vous payez comptant; il faut marchander. Et vous finirez parfois par avoir un prix plus bas que ce que vous offrez si le marchand vous trouve sympathique.
- Chiens : Les chiens sont permis avec les vaccins requis.
- On n'accepte pas les costumes de bains le soir, et le nudisme n'est pas accepté; il y a beaucoup de plages désertes au Venezuela.
- Alcool : Les Vénézuéliens sont de bons vivants, préparez-vous à boire beaucoup et à vous coucher tard si vous sortez avec eux.
- Noël: On a des arbres artificiels et on fête en famille, tout le monde va à la messe de minuit. On mange et on danse. Et on recommence le premier de l'an.

## UNE AUBAINE : LES CHAUSSURES

Comme des membres de ma famille sont dans ce domaine depuis des décennies, cela m'a toujours intéressé. On trouve des chaussures à prix d'aubaine. Comment cela se peut-il? C'est grâce aux immigrants italiens qui se sont réfugiés à Caracas et y ont apporté leur technologie. Etant donné la qualité du cuir au Venezuela et la main d'œuvre relativement bon marché, ils peuvent fabriquer des chaussures à bon compte et nous pouvons donc acheter ces chaussures dans tout le pays à des prix intéressants.

## L'agence à éviter

Nous vous recommandons Vacances Air Transat ou Royal Vacances. D'autres peuvent aussi être valable, mais de grâce évitez «Go Travel».

Cette compagnie n'a ni réservations, ni crédibilité nulle part et n'a aucun respect pour ses clients. Ainsi, dans La Presse du 9 avril, on retrouvait le cas de 21 voyageurs qui avaient réservé trois mois d'avance, à qui on a fait croire qu'ils avaient des réservations. Une fois sur place, on a essayé de les relocaliser. Le correspondant vénézuélien savait fort bien qu'il n'y avait pas de place, car l'hôtel avait avisé par fax; malgré cela, à Montréal, on faisait croire que l'air climatisé ne fonctionnait pas, ce qui bien sûr n'était pas vrai. Elle ne respecte pas ses clients, et les plaintes sont légions. Ils sont en cour, mais malheureusement il n'y a encore pas suffisamment de personnes qui se plaignent.

Dans les hôtels offerts on prend parfois leurs clients, si on a de la place. La plupart du temps, ils n'ont pas de contrats. On a pu lire dans La Presse ce printemps de nombreux autres cas de gens qui se plagnaient de cette agence. Un de mes amis, s'est déjà associé à ce groupe, mais n'est pas resté longtemps devant de telles pratiques.

«Go Travel» ne répond pas aux journalistes de La Presse pas plus qu'à nous, d'ailleurs.

L'avocat Paul Unterberg, l'autorité en matière de voyages au Québec, a même publié un livre ce printemps sur les voyages et comment se plaindre. Il vous invite à le contacter au 934-0841 pour vous plaindre ou avant de faire affaire avec «Go Travel». À éviter, partout.

Avec «Go Travel» c'est «Go nowhere».

## Coût de la vie en 1994

Le Venezuela est demeuré l'aubaine dans le sud.
Prix en dollars canadiens - été 1994

- Un pain                           0,42 $
- 250 gr. de café                   1.20 $
- 250 gr. de beurre                 0,20 $
- 1 kg de viande                    4,80 $
- 1 kg de jambon                    6,00 $
- 1 kg de fromage         4,00 à 8,00 $
- 1 kg de poisson                   5,00 $
- Un paquet de cigarettes           0,85 $
- Un repas au resto moyen          14,00 $
- Vin chilien    en magasin         4,00 $
-                    au resto      15,00 $
- Bière ou liqueur en magasin       0,36 $
                   au resto ou bar   1,00 $
- La bouteille de rhum              4,00 $
- Un litre d'essence                0,07 $
- Une paire de chaussures          36,00 $

## Un peu du Venezuela à Montréal

Pour la musique, on peut se rendre dans un club comme le Palacio Latino, au 7067, rue St-Hubert. Du jeudi au dimanche on peut y voir de grands orchestres.

Les amateurs peuvent aussi engager un orchestre comme le Combo Tropical, au 948-0189.

Pour le café – dont on peu visiter les plantations dans la région de Cumana, entre autres – on peut acheter le Tachira, le meilleur café du pays, à la Vieille Europe, sur St-Laurent, un peu plus haut que l'avenue des Pins.

Dans le même coin, on trouve aussi, à la Librairie Espagnole, toute une collection de cassettes du pays.

# FORMALITÉS POUR LES LONGS SÉJOURS
## (PLUS DE DEUX MOIS)

Les touristes peuvent demeurer au Venezuela 60 jours avec la carte touristique. Ils ne doivent pas travailler ou exercer des affaires nouvelles sur place. Pour les touristes, on peut prolonger de 30 jours en s'adressant à la DIEX, le Département de l'Immigration Vénézuélienne.

À Caracas, on trouve ces bureaux sur l'avenue Baralt en face du théâtre Municipal et du Complexe Simon Bolivar. Difficile de les manquer. Vous apportez vos passeports, un billet de retour dans votre pays et vous payez une prolongation de taxes touristiques. On se rend avec ses documents au deuxième étage.

À Puerto La Cruz, on les trouve sur l'avenue 5, de Julio. Edifice Oriente. Tél: 21.558. À Porlamar, c'est au coin des rues Arismendi et Zamora.

### Séjours de trois semaines

Des séjours de trois semaines sont disponibles facilement moyennant un supplément.

### Visa de retraite

Vu la grande popularité des condos, le nouveau gouvernement Vénézuélien devait émettre un visa de six mois au retraités.

### Très important

Comme touriste vous avez droit à trois séjours par année légale. À votre quatrième entrée, vous êtes soumis aux lois des visas d'affaires.

# LES SPORTS ET LES LOISIRS

## Baseball

Sport national, se pratique du 12 octobre au 10 février dans les grandes villes, tous les jours à Caracas.

Le baseball est très populaire, d'ailleurs certains Vénézuéliens jouent dans les grandes ligues nord-américaines. Andres Galarraga, par exemple, est né à Caracas. Les équipes locales prennent les noms des équipes nord-américaines comme les Mets, les Cardinaux, etc.

Les Vénézuéliens ont aussi leur propre version du stampede, le «Toros Coleados». On attrape les taureaux et on les renverse comme dans nos rodéos, sauf que les cowboys vénézuéliens sont pieds nus.

On joue aussi à un jeu analogue à la pétanque italienne, le «bolas criollos». On lance les boules comme en Europe et on profite de ces parties pour prendre une bière. D'ailleurs la plupart des terrains sont près des brasseries.

## La pêche

C'est le paradis des pêcheurs; on y trouve l'espadon, le maquereau, le thon et la truite dans certaines rivières. À noter que l'on peut louer des bateaux un peu partout. On peut faire de la plongée et de la pêche en haute mer.

## Football

De mars à décembre, surtout les fins de semaines; stades à Puerto La Cruz, Caracas et à Maracaïbo.

**Combats de taureaux**

On trouve des arènes un peu partout. Valencia, cependant, est reconnue pour son arène qui est une des plus grandes au monde, pouvant accueillir près de 30 000 personnes. Les amateurs peuvent y aller en février. Il y en a également à Caracas et dans les grandes villes. Il y a aussi des corridas locales dans les petites villes.

**Golf**

Ce sport est de plus en plus populaire, mais il est cher et il faut aussi payer les caddies. Les touristes peuvent avoir accès aux clubs grâce à des ententes avec les hôtels. On peut le pratiquer dans la plupart des villes, mais surtout à Caracas qui compte quatre 18 tous. On peut aussi louer l'équipement.
- À Margarita et à Puerto La Cruz.
  Tarif : 9 trous: 12 $; 18 tous: 22 $

Possibilité de réaliser un circuit dans certaines conditions ( 25 terrains répartis dans 12 villes).

**Plongée sous-marine**

- À Margarita, Puerto La Cruz et Mochima. À partir de 30$ la plongée, équipement inclus.
  Prix club : 10 à 12 plongeurs, 1 semaine, demi-pension sans encadrement:
  - sans équipement sauf bouteille et plombs: 300 $
  - avec équipement 335 $

**Planche à voile**

- Dans les îles de Margarita et Coche. Possibilité de location de matériel.

**Trekking**

• Dans les Andes, avec éventuellement de l'escalade (très facile), et en Grande Savane.

**Parapente et Deltaplane**

• Dans les Andes

**VTT**

• Dans les Andes. Très beau circuit de 14 jours dont 11 de VTT de difficulté moyenne :
  — dénivelé journalier ascendant : entre 400 et 1400 m.
  — distance journalière ,l....: entre 25 et 62 Km.

Véhicule accompagnateur pour le matériel et la sécurité.

**Rafting**

• Dans les rapides d'Atures de l'Orénoque près de Puerto Ayacucho. Durée: 2 heures  35$.

**Courses de chevaux**

Les Vénézuéliens sont parieurs et même si l'hippodrome de La Rinconada en a perdu un peu, on y trouve encore des milliers de chevaux et 48 000 places. Il y a des sections populaires et réservées le dimanche. Il y a également des courses à Maracaïbo et à Valencia.

# CONSEILS SANTÉ ET CLIMAT

Nous vous recommandons de prendre la médication contre la malaria si vous allez dans la jungle, car l'anophèle, l'insecte qui transmet cette maladie se trouve dans les marais et il peut vous incommoder la vie. Selon votre âge et vote capacité, informez-vous auprès de votre médecin de famille.

La trousse de santé devrait contenir des lotions de bronzage avec différents degrés de protection, allant de 22 à 4 pour les voyages de deux semaines, spécialement en hiver.

Évitez de demeurer au soleil plus de 40 minutes et profitez de la sieste, c'est-à-dire de 10 heures à 14 heures, pour vous reposer du soleil.

Apportez aussi de la calamine ou du Caladryl pour les démangeaisons et piqûres d'insectes. Vous pouvez être allergique à certaines plantes et elles peuvent provoquer des boutons. Ils disparaicsesent dès que vous êtes en dehors du rayon de la plante pendant 3 ou 4 jours.

Pour ceux qui ont l'estomac fragile, évitez de boire l'eau du pays, prenez de l'eau en bouteille. Attention de ne pas lasser de salade au soleil et apportez avec vous du Kaopectate ou du Pepto-Bismol.

Nous vous dressons une liste de pharmacies. Certaines sont toujours ouvertes et le personnel des hôtels peut vous aider. Il est préférable de faire provision de ces produits ici et de renouveler vos prescriptions avant le départ. Tous les produits sont disponibles au Venezuela, mais les marques ne sont pas les mêmes qu'ici, et à moins de connaître la composition de vos médicaments, vous aurez de la difficulté à les renouveler.

On peut aussi faire la sieste, on est souvent fatigué par le manque d'habitude au soleil, on peut faire la sieste au dîner et avant le souper, cela nous permet de mieux apprécier les vacances et cela vous aide à comprendre pourquoi ces gens sont moins productifs que nous. Si vous allez en montagne, attention aux hauteurs, la température baisse et l'air s'y fait plus rare. Pour ceux qui souffrent du cœur, éviter de vous fatiguer.

### Santé et soins médicaux

Le Venezuela est un pays sans problème. Les cliniques et hôpitaux sont les mieux équipés en Amérique du sud, les médecins ont fait leurs études en Europe ou aux États-Unis.

Une visite à la clinique vous coûte 5$. une chambre dans la clinique vous coûte 50$., tout dépend des cliniques. Prenez une assurance pour combler la différence entre prix d'ici et celui de là-bas.

La plupart des voyages se font la nuit, du jeudi au lundi. Profitez-en pour dormir; certaines compagnies présentent des films. Évitez l'alcool la nuit.

Les journées au Venezuela durent douze heures, car on est près de l'Equateur.


## EDUCATION


Une personne sur trois peut faire des études. D'après les chiffres officiels, la population étudiante se dénombre comme suit:
- Élémentaire – 3 400 000
- Secondaire – 790 000
- Universitaire – 280 000

# FOLKLORE ET MUSIQUE

La danse et la musique subissent l'influence de trois races; blanche, indienne et noire. On l'appelle comme en Haïti, le Créole (Créollo).

Jarapo: Danse nationale; avec la harpe, les maracas et le «cuatro» (guitare vénézuélienne à quatre cordes). Une danse de couple avec 36 variantes. On a aussi la danse des Diables de Yare; une danse qui évoque le combat entre le bien et le mal, entre l'homme et les démons, le vaudou local. Le Jarapo le plus connu est la complainte des plaines.

## LA CUISINE

Plusieurs grandes chaînes américaines sont présentes dans les grandes villes comme Caracas et Maracaïbo. La cuisine vénézuélienne est très variée et frugale; elle a subi l'influence indienne. On trouve des restaurants de toutes les nationalités dans les grandes villes.

La soupe vénézuélienne constitue à elle seule un repas, on retrouve dans la soupe au poulet, des légumes non coupés, des pommes de terre entières, les os et la peau du poulet, le bouillon est excellent; idéal pour un lunch. Pour les petites fringales, on vous conseille les petits restaurants sur la plage; on peut y manger à l'intérieur ou à l'extérieur, sur des tables en bois ou même sur d'immenses tranches de bois; on y sert d'excellents sandwichs, notamment le club-sandwich qui se vend $1.50. Le pain à base de maïs s'appelle «arepa»

Le Pabellon est le plat national, viande de bœuf en fines lanières, riz, haricots noirs, tajadas, tranches de bananes plantains frites, essayez c'est excellent, les bananes plantains peuvent se manger à tous les repas.

On fait beaucoup de ragoûts au Venezuela, je vous en cite deux sortes :

- La Mondogo : Mélange de jambon, de légumes et de maïs.
- Hallaca : C'est leur tourtière avec du maïs en plus.

La limonade-maison est excellente partout et le rhum-punch également. On fait tout en casserole. Un autre plat national est le Queso, une fricassée de fromage, de poulet, de riz. Les steaks sont excellents et pas chers, le Châteaubriand pour deux dans les $15. Les desserts sont copieux et délicieux. Sur les plages, on peut acheter de la crème glacée et surtout leur «Cremalta», qui ressemble à la crème glacée faite à la maison et que l'on sert dans des noix de coco, 20 bolivars.

Parmi les fruits populaires, en évitant les pommes, – nous avons les mêmes ici – il y a les poires, les bananes vertes et la banane plantain qui est un légume à bouillir et à piller. Dans les autres légumes, il y a des pommes de terre, du maïs et du yucca, un légume dont le nom vient d'une tribu indienne qui le cultivait. Les spaghettis et les pâtes sont aussi populaires et la pizza est également disponible.

**Les mets sur la braise**

Comme dans les autres destinations-soleil, on vous offre souvent sur la terrasse des hôtels des mets sur la braise; on offre bien sûr les hot-dogs et les côtelettes de porcs, mais aussi la Parilla, de la tortue servie à Pâques.

**Boissons locales**

- Le rhum et le gin sont à recommander. Un rhum à rapporter est le Pampero Aniversario provenant de Miranda. On le vend dans une petite bouteille qui fait un peu filibuster et dans un étui de cuir fin, du cuir de chevreau. Les prix varient selon que vous l'achetez à Porlamar ou sur le continent.
- Chica, à base de maïs

- Cacury, alcool très fort
- Punch Crollo, mélange de rhum blanc et de sirop de sucre.
- Coco loco, mélange de sept boissons différentes. Attention l'effet est volcanique.
- Chucho: Boisson non-alcoolisée, âcre, de lait et de riz; c'est à essayer.
- Vins: Les vins sont chers, surtout les vins français; on trouve parfois des vins chiliens qui sont très bons et à prix abordable.

## LE PAIEMENT DES ACHATS

Lorsqu'on part en voyage, on a à sa disposition trois modes de paiement : l'argent en espèces, les cartes de crédit et les chèques de voyage. En Europe, on donne généralement la préférence aux chèques de voyages. Lors du dernier séjour que j'y ai effectué, j'ai constaté que plusieurs établissements chargent des commissions assez importantes pour vous changer des chèques de voyage qui sont émis dans la monnaie de leur pays. Au Venezuela, les cartes de crédit sont émises par des agences ou des banques qui facturent aux commerçant entre 8 et 10% de frais de services, contre 2 à 3% au Canada. Il devient alors évident que si vous voulez un bon prix il vous faudra payer comptant.

Les agences de location de voitures exigent un dépôt sur la carte, mais à la remise de l'auto il est préférable de payer en argent. De plus certaines banques attendent un taux favorables avant de vous envoyer la facture. C'est ce que Visa Venezuela a fait. Ainsi, votre facture risque d'être plus élevée que le jour de l'achat.

Maintenant vous savez à quoi vous attendre, il ne vous reste plus qu'à décider votre mode de paiement.

# TAUX DE CHANGE

La monnaie du pays est le bolivar.

On trouve les dénominations suivantes :

- les billets : 10 – 50 – 100 – 500 – 1000.
- les pièces : 0,05 – 0,10 – 0,25 – 0,50 – le 1, 2 et 5.

Le taux de change est bon dans les maisons de change et les banques. N'utilisez pas les hôtels. L'argent américain est conseillé; c'est plus avantageux et plus facile.

Je vous recommande les établissements suivants, même si vous devrez parfois attendre plus de trente minutes.

### À Caracas :

- Italcambio sur Urdaneta, une rue de la Plaza Bolivar
- Bancarf sur Sabana Grande, près du MacDonald's

### À Puerto La Cruz :

- Oficambio Oriente à l'aéroport ou sur la rue Maneiro

### À Margarita et Porlamar :

- Je crois que c'est là qu'on tente le plus de vous arnaquer. Allez à la Banco Provincial sur la rue 4 de Mayo, c'est la banque la plus importante du pays. La banque est très occupée, certains d'entre nous ont attendu une heure et on ne vous change que 200 $ à la fois, mais c'est la banque avec les meilleurs taux.
- On obtient aussi des taux avantageux à la Banco Construction et à la Banco de Venezuela.

- Évitez de changer votre argent ailleurs qu'à Porlamar, on vous donne 10 à 25% de moins.
- Il y a aussi des Casa de Cambio (Maison de change) et on peut vous changer de l'argent à l'hôtel, mais cela coûte plus cher.

Le Venezuela subit actuellement une inflation galopante. On n'accepte plus les dollars canadiens, cerrtaines banques sont en faillite, le taux de change est de 170 bolivars pour un dollar, alors qu'il était de 108 il y a six mois. Ceci fait que les formules clubs peuvent être très avantageuses et que le dollar américain est de plus en plus bienvenu.

**Prix des vols (aller simple) en dollars américains**

| | |
|---|---|
| Caracas – Barcelona (Puerto La Cruz) | 42 $ |
| Caracas – Canaima | 83 $ |
| Caracas – Ciudad Bolivar | 51 $ |
| Caracas – Coro | 42 $ |
| Caracas – Cumana | 42 $ |
| Caracas – Los Roques | 70 $ |
| Caracas – Merida | 62 $ |
| Caracas – Porlamar (Margarita) | 45 $ |
| Caracas – Puerto Ayachucho (Amazonas) | 56 $ |
| Caracas – Puerto Ordaz | 57 $ |
| Caracas – San Fernando de Apure | 42 $ |
| Ciudad Bolivar – Canaima | 36 $ |
| Ciudad Bolivar – Santa Elen de Uairen (Gran Sabana) | 60 $ |
| Puerto Ordaz – Canaima | 40 $ |
| Puerto Ayacucho – San Fernado de Apure | 42 $ |

# SYMBOLE DU DRAPEAU

**Drapeau tricolore**
- Le jaune : Signifie la richesse de la terre
- Le rouge : Le sang des guerres d'Indépendance
- Le bleu : La mer, la séparation entre l'Espagne et le Venezuela.

C'est le drapeau de Bolivar, ce qui explique qu'on ait le même en Colombie. Les sept étoiles signifient les sept provinces en révolte contre l'Espagne

**Fleur nationale** : L'Orchidée

**Arbre national** : L'Araguaney à fleurs jaunes.

# HIMNO NACIONAL
## (Hymne national – Gloire au peuple courageux)

Gloria la Bravo Pueblo
que el yugo lanzo
la ley respetando
la virtud y honor.

Abajo cadenas!
griaba el senor;
y el pobre en su choza
libertad pidio.
A este santo nombre
temblo de pavor
el vil egoismo,
que otra vez triunfo.

Gritemos con brio;
!Muera la opresion!
Compatrioras fieles,
la fuerza es la union.
Y desde el Empireo
el Supremo Autor
un sublime aliento
al pueblo infundio.

Unida con lazos
que el cielo formo,
La America toda
Existe en Nacion;
y, si el despotismo
levanta la voz
seguid el ejemplo
que Caracas rio.

## Un livre à lire

### «Le Continent perdu» de Sir Arthur Conan Doyle

J'étais loin de me douter, alors que je lisais les Sherlock Holmes de mon adolescence, que Sir Arthur Conan Doyle me servirait un jour d'exemple. Ce personnage était vraiment hors du commun. Il est né en Écosse, mon pays d'origine, en 1859, et est mort en 1930. Médecin et grand voyageur, il savait écouter et observer. Son détective a été le personnage le plus incarné à l'écran, et j'aime bien l'histoire qu'en fait Steven Spielberg dans «Le Jeune Sherlock Holmes»; à louer dans les clubs vidéos pour ceux qui ne l'ont pas vu.

Sir Arthur a cependant créé un autre personnage, le professeur Challenger, celui qui veut rencontrer des défis dans le continent perdu. En 1949, avec un jeune journaliste, un archéologue, un prof-explorateur, il part pour le Venezuela. À travers les rigueurs du climat, les Indiens, les hommes-singes, les insectes, les oiseaux, il découvre dans les Tepuys un monde oublié d'animaux préhistoriques.

En ces années où le Parc Jurassique et les dinosaures sont partout, je suis étonné que Speilberg n'ait pas mis ce récit en film. Ce qui est le plus étonnant est que Sir Arthur n'a jamais mis les pieds au Venezuela. Ce personnage sera aussi un grand sportif car il sera un des premiers à faire du ski dans les Alpes, alors que le ski était un moyen de transport. Les animaux que découvriront nos explorateurs sont des ptérodactyles et des mégalosaures.

Une équipe du magasin Géo a refait l'expédition en 1982. Ils se sont rendus à El Dorado, ont vu une prison qui a inspiré le film et le livre Papillon, ont vu ce plateau qu'on a finalement baptisé le Continent perdu. Ils n'ont rien vus de préhistorique, mais ont fait une expédition exceptionnelle. À lire dans le Géo de janvier 1982.

Il semble que ce soit aux écrits de Ernesto Sanchez, que Doyle a lu au début du siècle, en 1910, que l'on doive ce fabuleux roman.

Il y a un personnage qui vit en ermite dans cette région, seul dans la jungle, un explorateur européen, Laime, qui après avoir cherché de l'or décida de vivre dans la région.

C'est lui qui conduisit l'expédition qui mit à jour l'avion de Jimmy Angel.

- Conan Doyle le continent perdu, collection le Livre de poche, Laffont 1979. 349 pages.

## BIBLIOGRAPHIE

A l'époque des trois premières éditions, il n'y avait rien ou presque sur le Venezuela, mais depuis quatre ans nous avons cherché dans cinq pays en quatre langues. Nous vous donnons ici la liste des livres les plus courants. Il se peut très bien que vous ne les trouviez pas chez nous. Trois bibliothèques ont été utilisées, en particulier la Bibliothèque d'Information publique du centre Georges Pompidou à Paris, la Bibliothèque multi-culturelle de Laval et la Bibliothèque municipale de Rosemère. Je remercie le personnel de ces trois bibliothèques, qui sont des mines de renseignements sur les pays latinos-américains.

Notre équipe ramasse de la documentation depuis plus de 10 ans, Tous les gens sont invités à nous envoyer leurs découvertes, leurs projets, ou leurs trouvailles; nous ferons un tirage et vous pourrez vous mériter la prochaine édition du guide ou tout autre guide de la collection.

### Livres

Notre Guide est le seul guide original écrit en français par toute une équipe de rédacteurs, il y a aussi deux autres guides : l'un est une traduction; l'autre a été publié en France au début de la décennie et, selon nos rédacteurs, il est plein d'erreurs. D'autres guides ont été réalisés, notamment un sur Margarita, et un sur le pays par un prof de l'Estrie, mais ils n'ont jamais été refaits.

**Revues**

- Geo : janvier 1982. Le monde perdu p. 78 à 102.
- National Geographic, Vol. 175 N°5 de mai 1989.
- GEO N°133 de mars 1990. Venezuela, Le monde fantastique des Tepuys.
- Figaro Magazine N°14158 du 03/03/90. Grandiose! Soyez les premiers à découvrir le Venezuela
- L'Express du 15/11/90. Venezuela Les couleurs de la magie
- Figaro Magazine du 11/05/91. Venezuela d'île en île.
- Grands Reportages N°131 de décembre 1992. Dossier Venezuela
- Réponse à tout N°34 d'avril 1993.
  Le VENEZUELA : Un mois là-bas moins cher que 15 jours sur la côte!.

**Encyclopédies et livres généraux**

- Annuaire FAO de la production, Rome FAO, 1984
- Atlas alphabétique, Paris, Larousse, 1986
- Atlas géographique et encyclopédique, édition Atlas, Italie, 1983
- État du monde 1986, Paris et Montréal, Maspero et Boréal Express, 1986
- État du monde 1988-1989, Paris et Montréal, La découverte Boréale, 1988.
- Encyclopedia of the Third World, New York, Facts on file, 1982
- Encyclopedia of World Travel, New York, Doubleday, 1973
- Encyclopedia Universalis, Paris, Encyclopedia Universalis, 1984
- Geo-Atlas des Nations, Tome 6, Les Amériques, Paris, C. Lattès, 1988
- Lawrence J. Pauline. Latin America, History, Culture, people, New York Globe, 1985

- Lawrence J. Pauline. Latin America, Cambridge et New York Times, 1971
- Latin America and Carribean review 1986, World of information.
- Rapport sur le développement dans le monde, 1986, Washington, Banque Mondiale, 1986.
- South America, Central America and the Carribean 1986, London Europa statistical abstract of Latin
- America, vol 14, UCLA Latin America Center Publications, University of California, 1985
- Sélection du Reader's Digest, Le Grand livre du Monde, Paris, Bruxelles, Montréal, 1990
- World Geography Today, David Helguev, Sager et Israël, Holt, Rinehart et Winston, Toronto, 1986.
- T.I.M. Travel information Manual, Holland, mars 1989.
- World Outlook 1986, The Economist Intelligent Unit.
- État du Monde, 1992, 1993, 1994, La Découverte, Boréale, Montréal
- Le Million, Encyclopédie des Pays, Tome XIII, Éditions Kisler, Genève, 1975
- Le Nouvel État du Monde, Éditions Autrement, Série Atlas, France 1992
- Les Capitales du monde, Tome 4, Éditions Encyclopédiques Européennes, Paris 1960
- Les Continents du Sud, Clee D. Jones, 251 pages HRW, 1977

## Livres en espagnol

Les plus complets et les plus nombreux

- Découverte, explorations, voyages. Rubio, Recio, Jose Manuel El Orinaco y Las Llavas, Madrid Edidiones Aroya 1988. 125 pages. Collection Bibliotero /beroamericava
- Carvajal. Jacinto de Descubnmiento Del Rio Apure. Edition Jose Alcina. Madrid 1985. 254 pages.

## Histoire

- Izard, Miquel. Historia Venezuela Colombia. Madrid. Éditorial 1987. 250 pages
- Picon, Salas Mariano. Comprehension de Venezuela. Caracas Monte Aula 1976. 238 pages
- Rojas, Aristides. Cionicas y legendas Caracas. Montel Aula Éditions 1979. 280 pages

## Des récits, des romans

- Le partage des eaux. Alejo Carpentier. Collection Folio. Gallimard.
- Le cercle des feux. Jacques Lizot. Éditions du Seuil.
- Simon Bolivar, Le Libertador. Gillette Saurat. Éditions Grasset.
- Doña Barbara. Romulo Gallegos. Éditions Gallimard.
- Voyages dans l'Amérique équinoxiale. A. de Humboldt. Éditions François Maspero. 2 tomes.
- Le superbe Orénoque. Jules Verne. Hachette – Bibliothèque verte.
- L'Orénoque aux deux visages. Arnaud Chaffanjon. Éditions Pierro.
- Christophe Colomb. Jules Verne. Éditions Sulma – 1991.
- Les larmes des Ancêtres. Rodolphe Clauteaux. Édition N$^o$ 1 – 1992.

- L'expédition Orénoque-Amazone. Alain Gheerbrant. Éditions Gallimard.

- Aventures sur l'Orénoque dans les pas d'Alexandre de Humboldt. Alain Kerjean et Alain Rastoin. Éditions Robert Laffont (1981).

- Aux sources de l'Orénoque. Joseph Grelier. Éditions La Table Ronde.

- Indiens de l'Orénoque. Joseph Grelier. Éditions Flammarion.

- Le général dans son labyrinthe. Gardia Marquez, Gabriel. Gallimard 1991.

- Le troupeau sauvage. Guérin, Jean. Paris. Laffont 1967.

On peut aussi consulter :

- Le grand Guide de l'Amérique du Sud, publié chez Gallimard en 1991, qui contient quelques pages sur le Venezuela, mais pas assez pour en justifier l'achat.

- Le Venezuela, Michel Pouyllau, aux éditions Karthala en 1992. C'est un livre presque introuvable au Canada. Il coûte environ 40 $ et parle surtout de sociologie, de démographie, avec un chapitre sur le tourisme. Pas très utile à moins de faire une thèse sur le sujet.

**Livres sur le pays**

Sociologie, documentation visuelle, deux volumes exceptionnels :

- Aventures au Pays de l'Eldorado, L'Orénoque de Michel Claude Aubert. Collection Coup d'œil sur le monde, 110 pages, 1976. Michel Claude est le directeur du programme belge Connaissance du monde qui équivaut aux Grands Explorateurs.

- Venezuela, Insight Guides APA, Singapour 1993. Un livre pour tous ceux qui veulent tout savoir sur le pays. Les Insight Guides ont 160 titres et sont traduits ensuite dans la bibliothèque du voyageur chez Gallimard, pas vraiment des guides touristiques, quasi introuvable au Québec. 304 pages.

**Cartes**

- Mapa de Carreteras con informacion turistica de Venezuela. Espagnol et anglais. Disponible sur place.
- La carte française Série Internationale Recta-Foldex. Pérou – Colombie – Venezuela 1: 5.000.000
- Rutas de Venezuela de Lagoven le pétrole national à acheter sur place, 50 fois plus cher à Paris.

**Atlas**

La firme National, des locations d'autos, a produit en 1990 un Atlas de 60 pages sur le Venezuela pour ses clients. Les cartes sont superbes et sur toutes les régions, les villes, etc.

## VIDÉOGRAPHIE

Le Venezuela ne compte pas de vidéos commerciaux. Nous avons les vidéos de nos équipes, 20 heures de vidéo, mais ils nous servent surtout à ne rien oublier lors de la rédaction finale du texte. Nous avons aussi un vidéo de Corpoturismo, disponible au Consulat, un vidéo sur le pays qui date de 1993 et un vidéo produit par notre agence correspondante à Cumana, Joana Tours, «Venezuela, terre de contrastes».

Nous n'avons malheureusement rien à visionner.

# VOCABULAIRE – VOCABULARIO

| | |
|---|---|
| Je désire une chambre | Deseo una habitacion |
| Une chambre à un lit | Una habitacion de una cama |
| Une chambre à deux lits | Una habitacion de dos camas |
| Le service | El servicio |
| La salle de bain | La sala de baño |
| La toilette | El baño |
| | |
| L'ascenseur | El ascensor |
| L'étage | El piso |
| Le premier étage | El primer piso |
| Le deuxième étage | El segundo piso |
| Le troisième étage | El tercer piso |
| A quel étage | En que piso |
| Les bagages | El equipage |
| Le portier | El botone |
| | |
| Veuillez me réveiller | Tenga la bonda de despertarme |
| A six heures | A las seis |
| à sept heures | A las siete |
| A huit heures | A las hocho |
| Il est huit heures vingt-cinq | Son las hocho y vienticinco |
| Il est midi | Son las doce |
| Il est une heure | Son la una |
| Ma montre avance | Mi reloj esta adelanto |
| Ma montre retarde | Mi reloj esta retrasado |
| | |
| Lundi | Lunes |
| Mardi | Martes |
| Mercredi | Miercoles |
| Jeudi | Jueves |
| Vendredi | Viernes |
| Samedi | Sabado |
| Dimanche | Domingo |
| | |
| Il fait chaud | Hacer calor |
| Il fait froid | Hacer frio |
| Il pleut | Esta loviendo |
| C'est cher | Es caro |
| C'est bon marché | Es barato |
| C'est beau | Es hermoso |
| C'est joli | Es bonito |
| C'est loin | Es lejos |

| | |
|---|---|
| La route | La carretera |
| Le chemin | El camino |
| S'arrêter | Pararse |
| Arrêtez-vous | Parese |
| | |
| Janvier | Enero |
| Février | Febrero |
| Mars | Marzo |
| Avril | Abril |
| Mai | Mayo |
| Juin | Junio |
| Juillet | Julio |
| Août | Agosto |
| Septembre | Septiembre |
| Octobre | Octubre |
| Novembre | Noviembre |
| Décembre | Diciembre |
| | |
| Oui | Si |
| Non | No |
| Merci | Gracias |
| Bonjour | Buenos dias |
| Bonsoir | Buenas tardes |
| Bonne nuit | Buenas noches |
| S'il vous plaît | Por favor |
| | |
| Combien? | ¿Cuanto? |
| Où? | ¿Donde? |
| Par où? | ¿Por donde? |
| | |
| Je ne comprends pas | No entiendo |
| Parlez plus lentement | Hable usted mas despacio |
| Comprenez-vous le français? | ¿Entiende usted el frances? |
| L'anglais | El ingles |
| Quelle heure est-il? | ¿Que hora es? |
| | |
| Excusez-moi | Dispense usted |
| Ne vous dérangez pas | No se moleste |
| Avec plaisir | Con mucho gusto |
| Je voudrais téléphoner | Quisiera telefonar |
| Loin | Lejos |
| Dehors | Afuera |
| Dedans | Dentro |
| Après | Despues |
| Avant | Antes |
| Ensuite | Luego |
| Toujours | Siempre |
| Jamais | Nunca |
| Quelquefois | A veces |

196

| | |
|---|---|
| Tard | Tarde |
| Tôt | Temprano |
| Souvent | A menudo |
| Vite | De prise |
| Lentement | Despacio |
| Tout de suite | En seguida |

| | | | |
|---|---|---|---|
| 1 | - uno | 18 - | diez y hocho |
| 2 | - dos | 19 - | diez y nueve |
| 3 | - tres | 20 - | viente |
| 4 | - cuatro | 21 - | vienteuno |
| 5 | - cinco | 30 - | treinta |
| 6 | - seis | 40 - | cuarenta |
| 7 | - siete | 50 - | cincuenta |
| 8 | - hocho | 60 - | sesenta |
| 9 | - nueve | 70 - | setenta |
| 10 | - diez | 80 - | hochenta |
| 11 | - once | 90 - | noventa |
| 12 | - doce | 100 - | cien |
| 13 | - trece | 200 - | dos cientos |
| 14 | - catorce | 300 - | tres cientos |
| 15 | - quince | 500 - | quinientos |
| 16 | - diez y seis | 1000 - | mil |
| 17 | - diez y siete | | |

# CARTE POLITIQUE DU VENEZUELA

# VILLES IMPORTANTES DU VENEZUELA

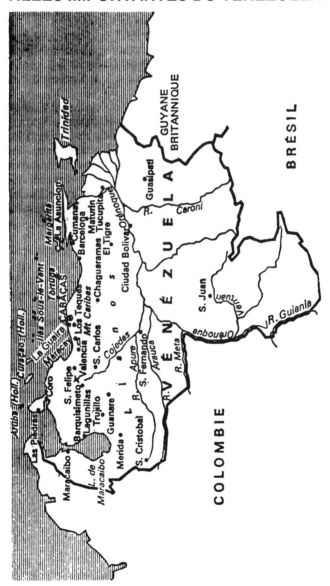

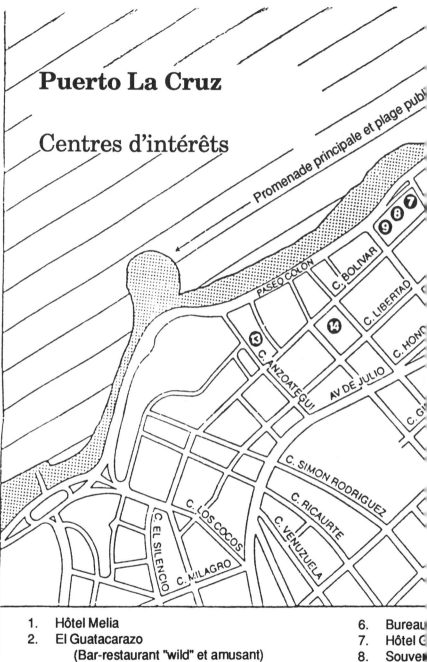

# Puerto La Cruz

## Centres d'intérêts

Promenade principale et plage publ

PASEO COLÓN
C. BOLIVAR
C. LIBERTAD
C. HOND
C. ANZOATEGUI
AV DE JULIO
C. GI
C. SIMON RODRIGUEZ
C. RICAURTE
C. LOS COCOS
C. EL SILENCIO
C. VENUZUELA
C. MILAGRO

1.  Hôtel Melia
2.  El Guatacarazo
    (Bar-restaurant "wild" et amusant)
3.  Supermarché (Piyca)
4.  Perfectfoto (Développement : 1h.)
5.  Hôtel Riviera

6.  Bureau
7.  Hôtel C
8.  Souve
9.  El Par
    (Re
10. Centre

# CARTE DE LA RÉGION PUERTO LA CRUZ

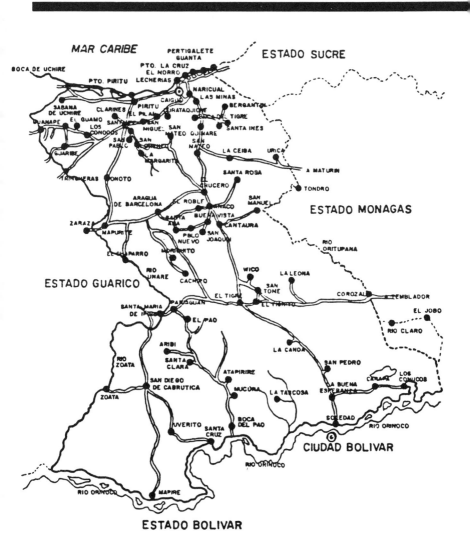

# CARACAS - CENTRE-VILLE

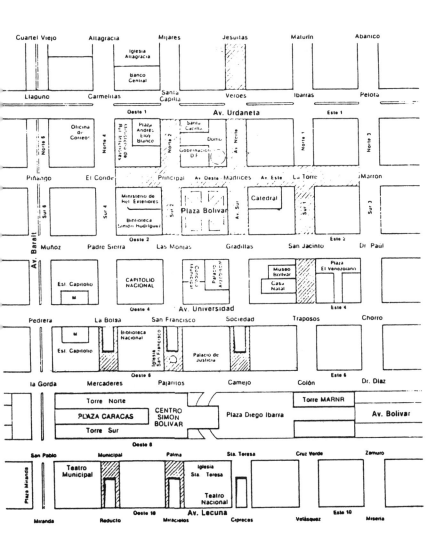

# CARACAS

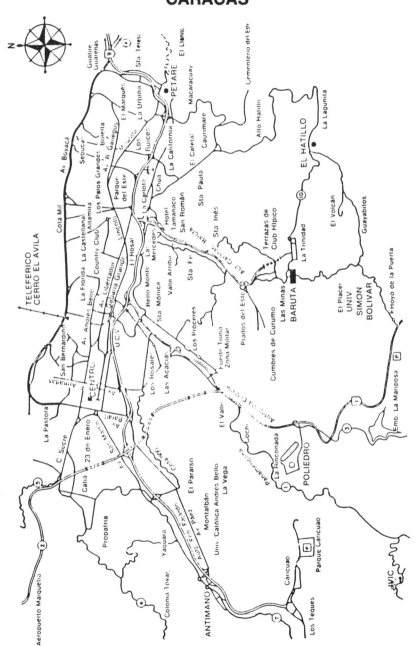

# METRO - CARACAS

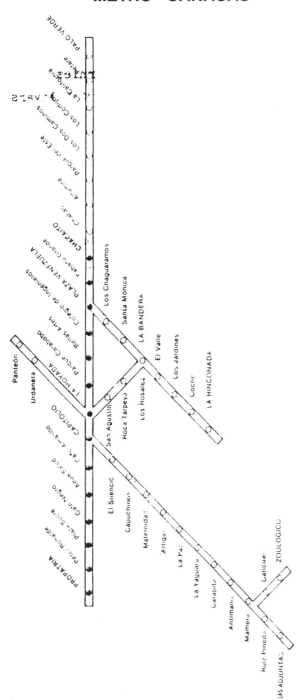

Metro de Caracas.

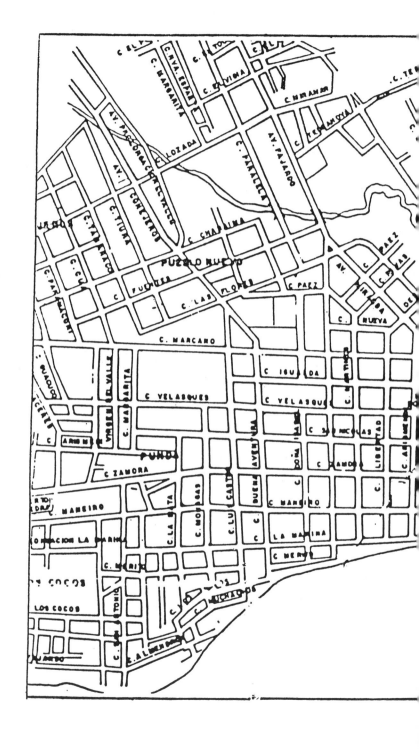

# PORLAMAR

# DISTANCES EN Km ENTRE LES PRINCIPALES VILLES

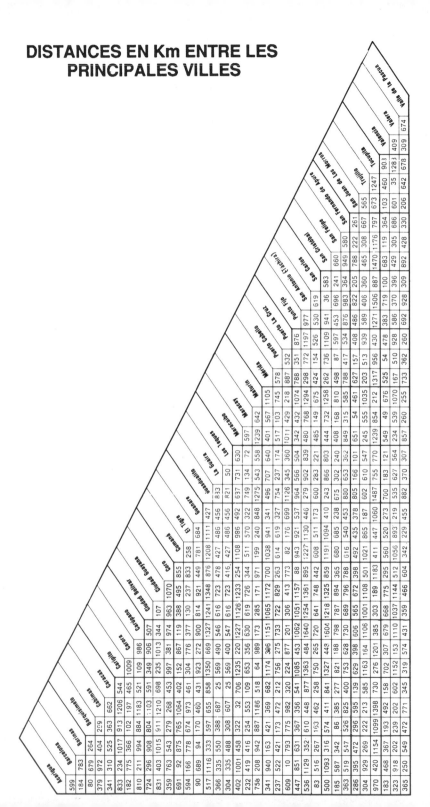